Helmut Erfurth

Vom Original zum Modell

Messerschmitt

Me 262

Bernard & Graefe Verlag

Das Titelbild zeigt den Dreiseitenriss mit dem Farbprofil einer Messerschmitt Me 262 A-1a, geflogen von Major Walter Nowotny am 8. November 1944.

Bildnachweis:
Claes Sundin, Uppsala: alle Flugzeug-Farbprofile (Sundin/Bergström »Deutsche Jagdflugzeuge 1939-1945 in Farbprofilen«, Bernard & Graefe Verlag, Bonn 1999)
Thomas Erfurth, Aachen: 3
Bildarchiv Manfred Griehl, Mainz: 68
André Kröcher, Berlin: 4
Deutsches Museum München: 1
Willy Radinger, Neusäß: 6
Sammlung des Autors: 15

Herstellung und Layout: Walter Amann, München
Satz: Barbara Krahmer, München
Reproduktionen, Druck- und Bindung: Isarpost GmbH, Altdorf
Printed in Germany

ISBN 3-7637-6034-2

Inhaltsverzeichnis

Vorwort

Die Messerschmitt Me 262 war das modernste Kampfflugzeug, das im Zweiten Weltkrieg zum Einsatz kam. Sie ging als erster im Krieg eingesetzte Strahljäger in die Luftfahrtgeschichte ein. Auf den Gebieten der Antriebstechnik, Konstruktion, Logistik, Technologie und in der Umsetzung aerodynamischer Forschungen war diese Maschine weit ihrer Zeit voraus. Das Flugzeug war für die Siegermächte in Ost und West ein begehrtes »Beutegut«, denn es repräsentierte Know-how und setzte auf dem Gebiet der Luftfahrt neue Maßstäbe. Es gab ab Mitte der 1940er Jahre weltweit keine Entwicklung von Jagdflugzeugen, in der nicht die Erfahrungen und das Wissen über die Messenschmitt Me 262 berücksichtigt wurde bzw. eingegangen ist. Im übertragenen Sinne verkörpert die Me 262 neben der Heinkel He 178 den Stammbaum einer Neuentwicklung: dem Strahlflugzeug, da es mit Turbo-Luftstrahltriebwerke (TL) ausgestattet war. Die Messerschmitt Me 262 steht somit für den Beginn einer neuen Flugzeuggeneration.

Noch bis in die Gegenwart hinein besitzt das Flugzeug die Aura einer »Wunderwaffe«. Ein Mythos, den die nationalsozialistische Propaganda bewusst aufbaute, der sich durch die historischen Dokumente zieht und heute einem vorurteilsfreien Herangehen sowie einer realen Einschätzung und Wertung der Entwicklung dieses Flugzeuges zum Teil entgegenwirkt. Trotzdem steht dieses erste in Serie gefertigte strahlgetriebene Flugzeug am Anfang einer neuen Ära der Luftfahrt: dem Jet-Zeitalter!

Mit seiner aufsehenerregenden Konstruktion, seiner aerodynamisch ausgewogenen Konfiguration und der revolutionierenden Triebwerkstechnik vermittelte es den wissenschaftlich-technischen Höchststand im Flugzeugbau zu Beginn der 1940er Jahre.

Eine neuartige Antriebstechnik, wie die Strahltriebwerke von BMW und Junkers, verlangte naturgemäß eine den aerodynamischen Erfordernissen angepasste Bauweise. Dabei strebte der am 26. Juni 1898 in Bamberg geborene Techniker und Flugzeugkonstrukteur Willy Messerschmitt mit seinen Entwicklungen seit den 1920er Jahren eine Ganzmetall-Leichtbauweise an, deren charakteristischen Merkmale durch eine einfache Konstruktion, niedrigste Baugewichte und kleinste Luftwiderstände gekennzeichnet waren. So entstand eine zweckoptimierte Bauweise, deren statisch konsequente Konstruktion letztendlich zur Me 262 und weiteren Folgemustern führte. Eine Flugzeugkonstruktion, die bis in die heutige Zeit beeindruckt, faszinierend im aerodynamischen bzw. technischen Sinne wirkt und nach 1945 die globale Entwicklung im Flugzeugbau, hier besonders in den USA und der ehemaligen Sowjetunion, beeinflusst hat.

Eine Messerschmitt Me 262 A-1 beim Start.

Eine Idee und ihre Folgen – Der Strahlflug

Das Prinzip des Strahlantriebes, wie auch die Konstruktion einer Gasturbine, zeigte in Deutschland bereits 1908 Hans Holzwarth auf. Diese Turbine arbeitete nach dem sogenannten Verpuffungsverfahren und bestand aus mehreren Brennkammern mit Einlass- und Auslassventilen. Allerdings war diese Gasturbine noch nicht als Flugzeugantrieb gedacht, sondern als stationäre Kraftmaschine konzipiert. 1912 legte Hugo Junkers mit seinem Ejektorpatent die Grundlagen für eine neue Antriebsform in der Luftfahrt. Die aus aerodynamischer Sicht unvorteilhafte Luftschraube mit Kolbenantrieb sollte durch einen kontinuierlich angesaugten und beschleunigten Luftstrom abgelöst werden. Eine Idee, ein vorskizziertes Antriebs-Patent von revolutionierender Tragweite für die spätere Luftfahrt.

Der Franzose Maxime Guillane kombinierte in seinem 1921 angemeldeten Patent die beiden Prinzipien von Gasturbine mit Strahlantrieb. So entstand das Projekt eines mehrstufigen Axialverdichters. Auch diese Turbine diente noch nicht den Bedürfnissen der Luftfahrt. Erst als mit Kolbenmotor und Luftschraube die Leistungsgrenze erreicht war, griff man erneut das Prinzip des Strahlantriebes für die Luftfahrt auf. Die Geschwindigkeitsgrenze, die 1937/38 bei rund 700 km/h lag, sollte überschritten werden. Aber mit der bisherigen konventionellen Motortechnik war leistungsmäßig und wirtschaftlich gesehen das Technisch Machbare erreicht.

Die Forderung nach Geschwindigkeitserhöhung und der damit verbundenen Reichweitenerhöhung kam nicht vordringlich von der Verkehrsluftfahrt, sondern durch die Militärluftfahrt. Im zivilen Luftverkehr flog man in Europa und Übersee hauptsächlich mit mehrmotorigen Maschinen vom Typ Junkers Ju 52/3m bzw. Douglas DC 3 bei einer durchschnittlichen Reisegeschwindigkeit von etwa 230 bis 250 km/h. Mit den kurz vor dem Zweiten Weltkrieg durch die deutsche Lufthansa in Dienst gestellten Großverkehrsflugzeugen Focke-Wulf FW 200 Condor und der Junkers Ju 90 erhöhte sich die durchschnittliche Reisegeschwindigkeit auf 330 bis 350 km/h. Verbunden mit der entsprechenden Passagier- und Transportkapazität entsprachen diese Leistungsparameter den Erwartungen und Forderungen im internationalen zivilen Luftverkehr. Im militärischen Bereich der Luftfahrt sah die Entwicklung ähnlich aus. Eine Leistungssteigerung im Bereich der Geschwindigkeit und taktischen Eindringtiefe (Aktionsradius) wurde jedoch forcierter betrieben.

Unabhängig voneinander gelang es zwei Wissenschaftlern in den 1930er Jahren, Frank Whittle in England und dem gebürtigen Dessauer Dr. Hans Joachim Pabst von Ohain, ein Strahltriebwerk mit einem Radialverdichter zu entwickeln.

Die Idee lag bereits seit langem »in der Luft«, denn auch die Firmen Junkers, Heinkel und BMW arbeiteten an der Entwicklung von Turbinen-Luftstrahltriebwerken (TL). Zuerst galt es, den Spielraum der angestrebten Forschungen abzustecken, denn schließlich betrat man technisches Neuland. Ernst Heinkel nahm von Ohain, der 1935 für sein TL-Triebwerk ein Patent erhielt, im selben Jahr in sein Werk Rostock-Marienehe unter Vertrag und setzte ihn als Entwicklungsleiter ein. Am 27. August 1939 erfolgte der weltweit erste Flug einer Heinkel He 178 mit einem Strahltriebwerk. Willy Messerschmitt nahm diese Herausforderung an und entwickelte seinerseits ein Jagdflugzeug, das die neuen aerodynamischen und konstruktiv-technologischen Parameter der neuen Jet-Klasse gleichermaßen in sich vereinte. Im Juli 1967, aus Anlass des 25. Jahrestages des Erstfluges der Messerschmitt Me 262 schrieb Dr. Anselm Franz als Entwicklungsleiter des Strahltriebwerkes Jumo 004 rückblickend:

»Beim Junkers-Motorenbau in Dessau haben wir Arbeiten zur Entwicklung eines Strahltriebwerkes im Jahre 1939 aufgenommen und im Herbst dieses Jahres mit der Konstruktion des Jumo 004-Triebwerkes angefangen. Für diese Entwicklung erhielten wir einen Auftrag des RLM. In der Geschichte der Entwicklung des Strahlantriebes kann das Jumo 004-Triebwerk für sich in Anspruch nehmen, dass es das erste in Groß-Serie produzierte und im Luftkampf eingesetzte Turbinenluftstrahltriebwerk der Welt war.
Im Gegensatz zu den Triebwerken von Ohains und Whittles, die beide Radialkompressoren besaßen, war das 004 eine reine axiale Konstruktion, die Dank ihrer kleinen Stirnfläche für hohe Fluggeschwindigkeiten viel geeigneter ist. In ihrem ganzen Aufbau hatte diese Konstruktion bereits große Ähnlichkeit mit den Strahltriebwerken der heutigen Zeit. ...

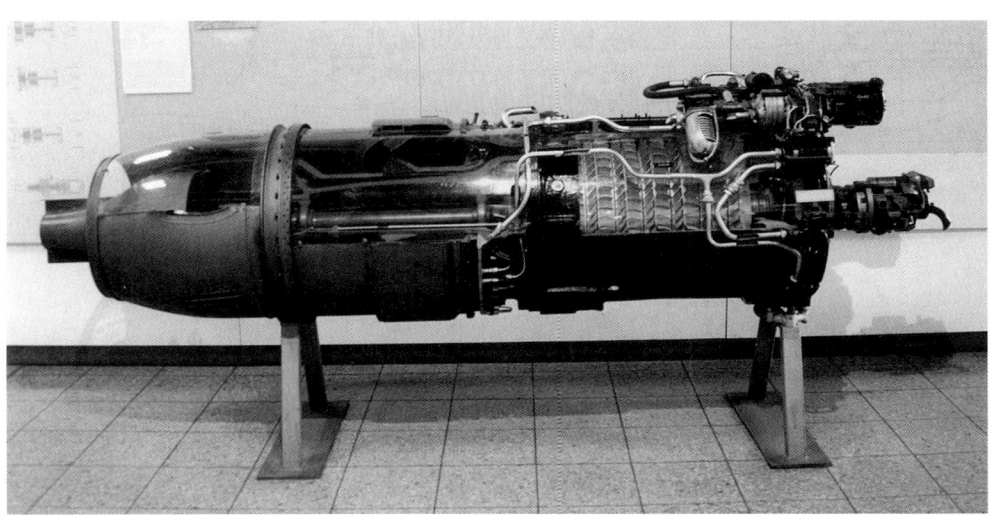

Das BMW 003 A-Strahltriebwerk, Baujahr 1943, war in seinen Maßen (Länge: 3.530 mm, Durchmesser: 690 mm, Trockenmasse: 570 kg) zwar leichter als das Jumo-Triebwerk, brachte aber auch eine geringere Leistung mit 7,8 kN (800 kp) Standschub ohne Nachbrenner. Das BMW 003-Schnittaggregat ist im Deutschen Museum in München ausgestellt.

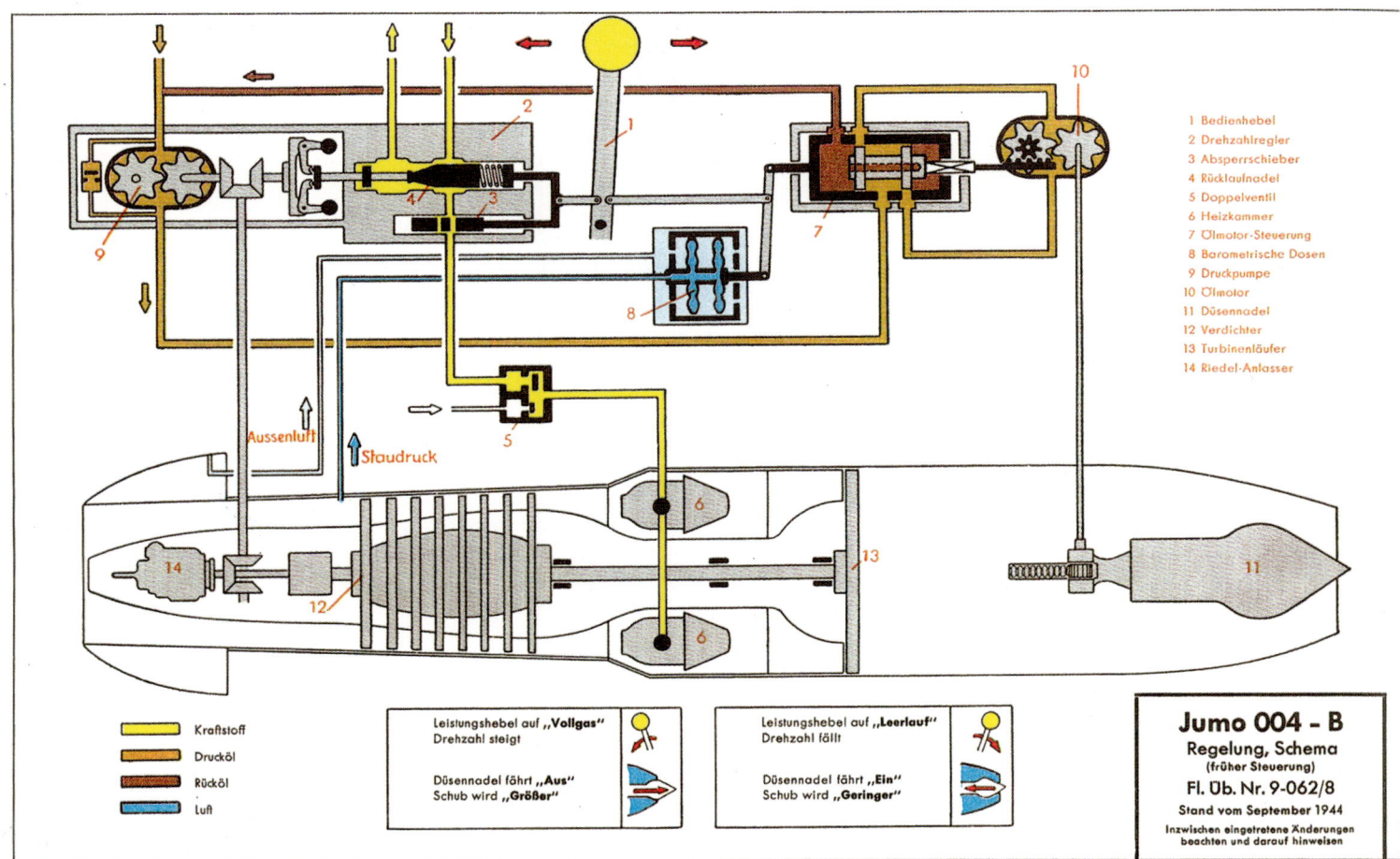

Legende:
1 Bedienhebel
2 Drehzahlregler
3 Absperrschieber
4 Rücklaufnadel
5 Doppelventil
6 Heizkammer
7 Ölmotor-Steuerung
8 Barometrische Dosen
9 Druckpumpe
10 Ölmotor
11 Düsennadel
12 Verdichter
13 Turbinenläufer
14 Riedel-Anlasser

Aussenluft
Staudruck

Kraftstoff
Drucköl
Rücköl
Luft

Leistungshebel auf „Vollgas"
Drehzahl steigt

Düsennadel fährt „Aus"
Schub wird „Größer"

Leistungshebel auf „Leerlauf"
Drehzahl fällt

Düsennadel fährt „Ein"
Schub wird „Geringer"

Jumo 004 - B
Regelung, Schema
(früher Steuerung)
Fl. Üb. Nr. 9-062/8
Stand vom September 1944
Inzwischen eingetretene Änderungen
beachten und darauf hinweisen

Arbeits- und Regelungsprinzip des Jumo 004 B-Strahltriebwerkes.

Nach Auftrag sollte das Triebwerk für einen Vollgasschub von 5,8 kN (600 kp) konstruiert werden, es wurde aber bei der Auslegung mit erheblichen Reserven versehen. Dass praktisch brauchbare Ergebnisse so relativ schnell mit so geringen Schwierigkeiten erzielt werden konnten, ist bemerkenswert, wenn man die Neuheit des Gegenstandes berücksichtigt und die Tatsache, dass es Vorbilder und Erfahrungen nicht gab. Zwei bei Beginn der Arbeiten getroffene Maßnahmen haben in dieser Hinsicht aber zweifellos sehr geholfen. Bei der Zielsetzung haben wir bewusst darauf verzichtet, das maximal Mögliche anzustreben, um auf diese Weise möglichst schnell zu einem lauffähigen Gerät zu kommen, das die Untersuchung des Gesamtprozesses und die Durchführung von experimentellen Entwicklungsarbeiten gestattet. Weiter haben wir bei der Konstruktion der Kompressor- und Turbinenbeschaufelung weitgehend außerhalb unseres Hauses vorhandene Erfahrungen benützt, um den zeitlichen Ablauf zu beschleunigen und das Risiko zu verringern.«

Was Anselm Franz in seinen Erinnerungen nicht erwähnte, er kam im Februar 1936 nach Dessau zur Junkers Flugzeug- und -Motorenbau AG und leitete ab 1939 die Entwicklung des Strahltriebwerkes Jumo 004, das sind die Vorarbeiten weiterer Strahlwerke, die bei Junkers entwickelt wurden. Bereits 1912 fixierte Prof. Hugo Junkers mit seinem Ejektorpatent die Grundlagen für eine neue Antriebsform in der Luftfahrt. Ein kontinuierlich angesaugter und beschleunigter Luftstrom sollte aus aerodynamischer Sicht die unvorteilhafte Luftschraube mit Kolbenantrieb ersetzen. Ein visionär vorskizziertes Antriebs-Patent von revolutionärer Tragweite. In diese Richtung arbeitete auch der Raketenpionier Johannes Winkler, der ab September 1929 in der Abteilung Strö-

mungstechnik unter der Ägide des Aerodynamikers Philipp von Doepp und Prof. Otto Mader im Junkers-Flugzeugwerk beschäftigt war. Mit seinen Grundlagenforschungen und praktischen Flüssigkeitsraketenversuchen schuf Winkler wesentliche Voraussetzungen für die Antriebsmethoden unserer heutigen Luft- und Raumfahrt. Sein 1932 erarbeitetes Werk »Der Strahlmotor« zeigte die Anwendungsgebiete dieser neuen Technik auf. Ab Mai 1935 entwickelte Prof. Herbert Wagner im Magdeburger Zweigwerk des Junkers Motorenbaus mit einem kleinen Team – den Ingenieuren Rudolf Friedrich, Max Adolf Müller als Leiter und Wilhelm Peppler – ein Strahltriebwerk mit Axialverdichter. Nach umfangreichen Forschungen und Untersuchungen stand Anfang 1939 das erste Versuchstriebwerk auf dem Motorenprüfstand und wurde getestet.

Nach internen Meinungsverschiedenheiten und Reibereien zwischen Prof. Mader und Prof. Wagner schied Ing. Müller als Themenleiter aus und ging zu Heinkel. Prof. Wagner wechselte Ende April 1939 zu den Henschel Flugzeugwerken nach Berlin-Schönefeld. Darauf hin fanden keine weiteren Versuche mehr statt. Die Projektunterlagen sowie die Team-Mitarbeiter wurden Dr. Anselm Franz zugeordnet.

Zu Beginn der Entwicklungsarbeiten für das Jumo 004-Triebwerk Mitte 1939 bestand das Forschungsteam um Dr. Franz aus etwa 30 Mitarbeitern. Drei Jahre später umfasste der Forschungs- und Versuchsbereich bereits mehr als 500 Mitarbeiter. Mit der folgenden kurzen chronologischen Übersicht soll der innovative Werdegang des Jumo 004-Strahltriebwerkes und dessen erster Einsatz in einer Messerschmitt Me 262 im Zeitraum 1939/42 veranschaulicht werden:

Welch technische Revolution das erste ab Februar 1944 in Großserie gefertigte Strahltriebwerk vom Typ Jumo 004 auslöste, veranschaulichte Dr.-Ing. Jürgen Ulderup 1986 in seiner Laudatio anlässlich der Überreichung des Ehrenbechers der Hugo Junkers-Gesellschaft e.V. an Dr. Anselm Franz während des Festaktes im Deutschen Museum:

»Die Gasturbine als Strahltriebwerk schuf die Grundlage für eine neue Antriebsquelle, die auch in der Herstellung billiger und leichter als die bis dahin üblichen Kolbenmotoren war. Mit diesem Antrieb konnten die Flugzeuge schneller als 600-700 km/h, das heißt bis zu mehrfacher Schallgeschwindigkeit und höher, das heißt in die Stratosphäre fliegen und waren auf Grund ihrer Turbinenkonstruktion wesentlich sicherer und in der Wartung einfacher. Der internationale Weltflugverkehr war nunmehr möglich. ...
Es lohnt sich diese Ingenieur-Leistung zu analysieren. Ohne die Mitarbeit der Flugzeugwerke wie Messerschmitt, Heinkel, Dornier, Focke-Wulf schmälern zu wollen, war die Unterstützung der Aerodynamischen Versuchs-Anstalt (AVA) in Göttingen für den Verdichterbau und der AEG für den Turbinenbau besonders wertvoll! Auch die Entwicklung der Hohlschaufeln für die Turbine durch die Firmen Prym in Stolberg und Wellner in Aue war von großer Bedeutung sowie die Mitarbeit von Besteckfabriken im Raum Pforzheim in der Herstellung von Verdichterschaufeln aus Leichtmetall, die fertig kalibriert von der Presse fallen mussten!
Die Erfindung des Jet als komplettes Triebwerk für den Antrieb von Hochleistungs-Flugzeugen ist eine Gemeinschaftsleistung von Herrn Dr. Franz und seinem Team, die man bewundern muss, besonders wenn man die außerordentlichen Kriegsumstände berücksichtigt. ... Die Entwicklung der Junkers-Turbinenstrahltriebwerke verlief sehr erfolgreich und unerwartet schnell. Ein erster Auftrag des RLM wurde im Jahre 1939 über 80 Triebwerke zur Erprobung derselben auf breiter Basis erteilt. Unter der Werksbezeichnung Jumo 004 wurde das Turbinenstrahltriebwerk mit einem achtstufigen Axialverdichter ausgerüstet.
Die Dynamik in der Entwicklung des Triebwerkes Jumo 004 ergibt sich aus folgenden Daten: Die Aufnahme der Entwicklungsarbeiten wurde im Sommer des Jahres 1939 gestartet. Der Entwurf wurde im Frühjahr 1940 fertiggestellt. Der erste Prüfstandlauf fand am 11. Oktober 1940 statt. Eine Verzögerung der Prüfstandläufe infolge von Schwingungsbrüchen in den Verdichterleitschaufeln trat ein. Durch eine Konstruktionsänderung an den Leitkränzen konnte der Schaden relativ schnell behoben werden. Der verlangte Schub von 600 kp wurde im August erreicht und schon im Dezember 1941 bei einem Zehn-Stundenlauf auf einen Schub von 1.000 kp gesteigert.
Außer diesen Schwingungsproblemen im Verdichter und später mit den Turbinenlaufschaufeln sind im Zuge der Entwicklung dieses Triebwerkes nur wenige Schwierigkeiten grundsätzlicher Natur aufgetreten. ...
Wieweit Herr Dr. Franz die moderne Entwicklung vorwegnahm, zeigt die Tatsache, dass er schon im frühen Stadium eine »Nachverbrennung« vorsah. Das Gerät Jumo 004 war als Entwicklungsgerät konstruiert und musste für den Serieneinsatz fertigungstechnisch durchgearbeitet und vereinfacht werden. Auch mussten die Engpässe in der Material-

Einige Mitarbeiter, die besondere Beiträge zur Entwicklung des Jumo 004-Triebwerkes geliefert haben, postierten sich 1976 anlässlich des 25jährigen Bestehens des Lycoming-Turbinenwerkes in Stratford vor einem aus dem U.S. Air Force Museum stammenden Jumo 004. Von links: Dr. H.K. Adenstedt, Heinz Möllmann, Dr. Anselm Franz, Wolfgang Stein, Dr. Bielitz (war nicht am 004 beteiligt) und ganz rechts Siegfried Decher. Außerdem gehörten zum 004-Team: Fritz Böttger, Peter Malata, Dr. Schmitt und von der Werkstoffforschung Herbert Erfurth, Vater des Autors.

Der Jumo 004 B war das weltweit erste in Großserie gefertigte Strahltriebwerk.

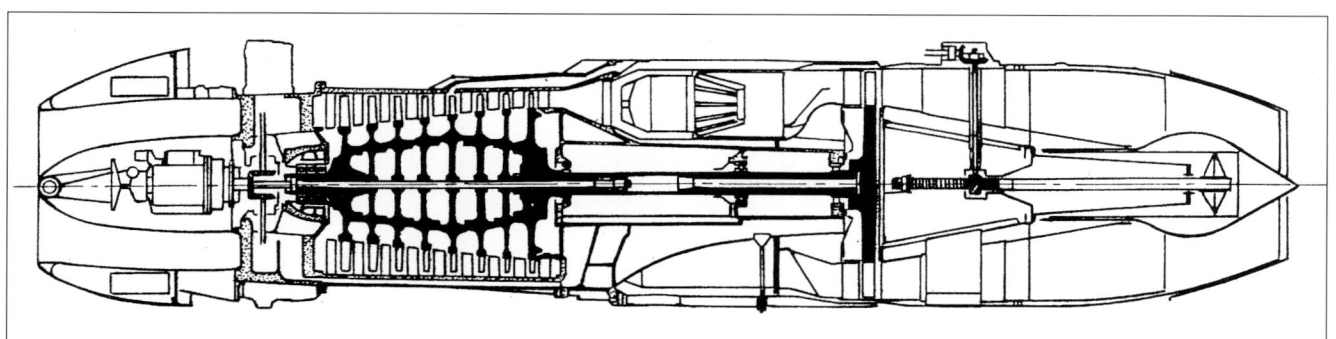

Längsschnitt eines Jumo 004 B-Triebwerkes mit achtstufigem Verdichter, sechs Einbrennkammern, einstufiger Turbine und Verstell-schubdüse. Der Riedel-Anlassmotor mit einem Planetengetriebe ist in der Nabe des Verdichters untergebracht. Kühlluft wird nach der vierten Verdichterstufe für die Schubdüse und nach der achten Verdichterstufe für die Turbinenleitschaufeln sowie für die hohlen Laufschaufeln entnommen. In Form einer Gegenstromeinspritzung wurde das Kraftstoffgemisch Dieselöl, später als »J 2« bezeichnet, in die Brennkammer gebracht und mittels des Anlassers gezündet. Der Wirkungsgrad betrug im Auslegungspunkt 78 %. Hauptdaten: Länge: 3.864 mm, Durchmesser: 765 mm, Trockenmasse: 745 kg, Standschub ohne Nachbrenner: 8,9 kN (910 kp).

beschaffung, z.B. der Bedarf an warmfesten Werkstoffen, radikal herabgesetzt werden, um insbesondere Nickel, Kobalt, Molybdän etc. einzusparen. Die Einstellung der Materialien auf »sparstofffreie« Werkstoffe war lebenswichtig! Die »heißen« Blechteile wurden durch eine Aluminiumschicht, die auf normale Tiefziehbleche gespritzt wurde, vor Oxydation geschützt oder auch durch Luftkühlung in zulässigen Grenzen gehalten.

Die Turbinenschaufeln als Hohlschaufeln wurden mit den Firmen Prym in Stolberg und Wellner in Aue entwickelt. Sie alle kennen die Firma Prym als Fabrikanten von Druckknöpfen für das Schneiderhandwerk. Dies ist ein gutes Beispiel, welche Findigkeit notwendig war, geeignete Entwicklungspartner zu suchen. Dazu muss man aber wissen, dass niemand mehr von der Technologie des Stahls verstand als der Hersteller allerfeinster rostfreier Nähnadeln. Mit der Einführung der Turbinenhohlschaufel und gleichzeitiger Umstellung von dem Krupp-Werkstoff Tinidur auf das neue Cromadur wurde der Nickelbedarf, der größte Engpass, auf Null reduziert.

Das nach dieser Umkonstruktion gebaute, verstärkte Triebwerk Jumo 004 B wurde im Sommer 1943 erprobt, dabei traten, wie schon erwähnt, überraschend Schwingungsbrüche in den Turbinenlaufschaufeln auf.

Ergänzen möchte ich dazu, dass die Erfindung der Rekordspritzen aus kalibrierten, feinem, rostfreiem Rohr in Tutlingen eine derart grundsätzliche Entwicklung war, dass selbst Amerika und England diese Spritzen auf Umwegen über die Schweiz bezogen haben.

Diese Schwierigkeiten konnten durch eine geringe Erhöhung der Schaufeleigenschwingungszahl und Verminderung der Volldrehzahl der Triebwerke überwunden werden.

Eine Serienfertigung des Jumo 004 B lief Anfang 1944 an und wurde in ständig wachsenden Stückzahlen produziert. Die monatliche Auslieferung an die Flugzeugwerke und die Frontgeschwader stieg sprunghaft bis zum Kriegsende an, d.h. Mai 1945 auf 1.300 Stück; insgesamt wurden bis zum Kriegsende im Mai 1945 ca. 6.000 Triebwerke von Junkers ausgeliefert.«

Nahezu parallel zum Jumo 004 entwickelte BMW sein P 3302-Triebwerk, spätere Typenbezeichnung BMW 003. Seine Entwicklung stand jedoch unter keinem günstigen Stern. Neben einer längeren Entwicklungszeit gegenüber dem Jumo-Triebwerk gestaltete sich auch die Versuchsphase wegen ständiger Ausfälle und Fehlersuche zeitaufwendiger. So schätzte BMW auf der Generalluftzeugmeister-Beratung den Planungsstand zum 003 am 26. Januar 1943 wie folgt ein: »Die ersten Serien-Turbinenmotoren können Februar 1944 geliefert werden. Im Juli 1944 stehen etwa 400 Stück BMW-Triebwerke zur Verfügung.« Zu diesem Zeitpunkt lief in den Junkers-Motorenwerken in Dessau, Köthen, Magdeburg und im unterirdischen Nordwerk bei Niedersachswerfen bereits die Großserienfertigung zum Jumo 004. Tatsächlich lief die Flugerprobung mit dem ersten BMW 003-Nullserientriebwerk erst im Oktober 1943 an. Im August 1944 wurde das 100ste 003-Triebwerk ausgeliefert. Insgesamt sind bis Kriegsende im Mai 1945 ca. 750 BMW 003-Triebwerke fertiggestellt worden, wobei der höchste monatliche Ausstoß im März 1945 mit 100 Stück lag. Von einer kontinuierlichen Serienfertigung konnte beim BMW-Strahltriebwerk keine Rede sein.

Daher schlussfolgerte Dr.-Ing. Jürgen Ulderup zu Recht: »Das von Herrn Dr. Franz und seinem Team konstruierte Jumo-Triebwerk 004 ist das erste in Großserie gefertigte und im Luftkampf eingesetzte Turbinenstrahltriebwerk der Welt und hat damit das Jet-Zeitalter für die gesamte Weltluftfahrt eingeläutet. Ohne diese Umstellung vom Kolbentriebwerk auf die Turbine, die durch den Zweiten Weltkrieg ganz wesentlich beschleunigt wurde, wäre der moderne Luftverkehr nicht denkbar.

Das Röntgenbild zeigt die schematische Schubkraftregulierung.

Eine Triebwerksaufhängung unter der Tragfläche wie bei der Me 262 ermöglichte leichtere und schnellere Instandsetzungsarbeiten, da für den Flugzeug- bzw. Triebwerkmechaniker als Wart alle Aggregatteile in einem ergonomisch optimalen Griffbereich lagen.

Auftanken und Triebwerkwartung, jeder Handgriff musste schnell und richtig durchgeführt werden wie hier bei der Me 262 C-2b »Heimatschützer II« im März 1945.

Das aus der Gasturbine entwickelte Turbinenstrahltriebwerk ist daher in der industriellen Entwicklung der letzten 200 Jahre in der Bedeutung den Elektromotoren und anderen industriellen Grundsatzentwicklungen gleichzusetzen.«

Deckblatt der ersten Dokumentation zum Strahltriebwerk Jumo 004 vom September 1944.

Vom Projekt zum Prototyp – Die Entwicklungsgeschichte der Me 262

Der Name Willy Messerschmitt, laut Geburtsurkunde Wilhelm Emil Messerschmitt, steht weltweit für einen der bekanntesten und vor allem erfolgreichsten Flugzeugkonstrukteure des 20. Jahrhunderts. Vom einfachen Segelflugzeug bis hin zum Prototyp des leichtesten Überschalljägers der Welt reichen seine Flugzeugkonstruktionen, wobei der Entwurf zur Messerschmitt Me 262 sicher das interessanteste Projektvorhaben im Gesamtschaffen des Konstrukteurs und Unternehmers darstellt.

Genau genommen sind die Anfänge, die letztendlich zur Entwicklung der Me 262 führten, bereits in den Messerschmitt-Konstruktionen der frühen 1930er Jahre zu finden. Die Sportflugzeuge vom Typ Messerschmitt M 17 und M 19 verdeutlichen bereits den Trend zum Leichtmetallbau nach der Devise: leichte und feste Bauweise im Verbund mit einer einfachen und soliden Konstruktion. So gestaltete sich der Sportflugzeugbau von Willy Messerschmitt zum Entwicklungs- und Erprobungsfeld für den Leicht- und Schnellflug. Mit aerodynamisch gut gestalteten Maschinen, in einer einfachen soliden Leichtkonstruktion, verbunden mit einem leistungsstarken Motor und technischen Neuerungen wie Einbeinfahrwerk, Landeklappen und Verstellpropeller gelang es Messerschmitt schnell, sich einen Namen zu machen. Auf zahlreichen Flugwettbewerben demonstrierten Messerschmitt-Maschinen ihre hervorragende Leistungsfähigkeit. So zählt z.B. die M 35 aufgrund ihrer aerodynamisch und konstruktiv ausgewogenen Konfiguration zu den zeitlos schönsten und zugleich für ihre Zeit leistungsfähigsten Flugzeugen.

In Auswertung der im Sportflug gesammelten Erfahrungen und Erkenntnisse entwickelte Willy Messerschmitt 1934 die Me 108 »Taifun«, ursprünglich bis 1937 als Bf 108 bezeichnet. Mit diesem rund 300 km/h schnellen Sportflugzeug stellte Elly Beinhorn einige spektakuläre Fern- und Rekordflüge auf. Mit dem Bau der Me 109, ursprüngliche Typenbezeichnung Bf 109, gelang es Messerschmitt 1935, sein erstes Militärflugzeug zu entwickeln. Mit diesem Jagdflugzeug, das am 28. Mai 1935 erstmals flog, beginnt der Entwicklungsweg des Konstrukteurs und Unternehmers Willy Messerschmitt zu einem der erfolgreichsten Flugzeugbauer von leichten Jagdmaschinen.

Ab 1937 lehrte Willy Messerschmitt als Honorar-Professor an der Technischen Hochschule München, an der er nach dem Ersten Weltkrieg studiert hatte. Im gleichen Jahr erhält er umfangreiche Informationen und Kenntnis über Forschungen zur Entwicklung von Turbo-Luftstrahltriebwerken. In Abstimmung mit dem Reichsluftfahrtministerium (RLM), beginnen im Oktober 1938 im Konstruktionsbüro von Willy Messerschmitt die Projektstudien für ein Jagdflugzeug mit Strahltriebwerken. Neben aerodynamischen Untersuchungen im Hochgeschwindigkeitswindkanal stand auch die Frage, ob ein- oder zweistrahlige Jäger bessere Leistungsparameter erbringen. Mit diesen Forschungen begann die eigentliche Entwicklungsgeschichte der Me 262.

Leiter des Messerschmitt-Projektbüros war zu diesem Zeitpunkt Dipl.-Ing. Robert Lusser, der jedoch 1939 zu Ernst Heinkel nach Rostock-Marienehe wechselte. Seine Arbeit wurde nach Lusser´s Ausscheiden von Dipl.-Ing. Woldemar Voigt fortgeführt. An dieser Stelle sei der Hinweis gestattet, dass zwischen den Flugzeugbauern Messerschmitt und

Zwischen dem 11. November 1937 und 26. April 1939 errang die deutsche Luftfahrt vier spektakuläre Geschwindigkeitsrekorde, die sich Messerschmitt und Heinkel gleichermaßen teilten. Dass die Maschinen von Messerschmitt bei dieser »Rekordjagd« letztendlich die Nase vorn hatten, inspirierte Ernst Udet 1938 zu den beiden oberen Karikaturen, während Kurt Schnittke 1939 nach dem Rekordflug von Fritz Wendel mit der Messerschmitt Me 209 V-1 (Me 109 R), bei dem 755,11 km/h erreicht wurden, das untere Bild zeichnete.

Heinkel in den 1930er Jahren ein wahres Rekordfieber aus-
gebrochen war und beide Unternehmen stark miteinander
konkurrierten. Auf dem Internationalen Flugmeeting im Juli
1937 in Zürich gewann die deutsche Mannschaft mit der
Messerschmitt Me 109 (Bf 109) die wichtigsten Rekorde, so
u.a. den Alpenrundflug über 367 km in 56 min. und den
Alpenrundflug mit Dreiermannschaft sowie den Steig- und
Sturzflugwettbewerb. Nur kurze Zeit danach konnte mit der
Me 109 V-13 mit 611 km/h der Geschwindigkeitsweltrekord
für Landflugzeuge erstmals nach Deutschland geholt werden. Das spornte Ernst Heinkel an, um mit Sonderausfüh-
rungen seiner Heinkel He 100 und He 112 weitere Weltre-
korde aufzustellen. Natürlich nahm Messerschmitt diese Herausforderung an. Sieger wurde schließlich Messerschmitts
Rekordpilot Fritz Wendel mit der Me 209 V-1 (Me 109 R)
am 26. April 1939, wo er eine Geschwindigkeit von 755,11
km/h erreichte. Dieser Weltrekord für Propellerflugzeuge
bestand bis 1969. Vom Rekordjagdfieber jener Zeit existiert
noch eine amüsante Karikaturfolge von Ernst Udet und Kurt
Schnittke.

Ende 1938 bestätigt der Fliegerstabs-Ingenieur Hans Antz
vom Referat GL/C-E 2/I des Reichsluftfahrtministeriums
formell den Auftrag an Willy Messerschmitt, einen Strahljäger und die vorläufigen Technischen Richtlinien für Jagdflugzeuge mit Strahlantrieb zu erarbeiten. Das ist die sym-
bolische Weichenstellung zur Entwicklung des ersten ein-
satzfähigen und in Serie gefertigten strahlgetriebenen Jagdflugzeuges der Welt, der Me 262. Erstaunlich und bewun-
dernswert, mit welcher Weitsicht und Tragweite zwei Mini-
sterialbeamte des RLM, nämlich Hans Antz und Helmut
Schlep, beide im Besitz einer naturwissenschaftlichen Aus-
bildung, eine Entscheidung über die zweckmäßigste
Antriebsart eines Flugzeuges in Form einer Gasturbine tref-
fen und dieses revolutionierende Vorhaben als Forschungs-
auftrag der Luftfahrtindustrie übergeben.
Den Technischen Richtlinien für Jagdflugzeuge mit Strahlantrieb lagen Forschungen der Aerodynamischen Versuchs-
anstalt für Luftfahrt Göttingen (AVA) zugrunde. Sie entstanden durch Versuche mit Hochgeschwindigkeitsprofilen für
axiale Verdichter von Ladern mit einem Wirkungsgrad von
70 Prozent aufwärts, die unter der Leitung der Professoren
Ludwig Prandtl und Albert Betz sowie Dipl.-Ing. Walter
Encke standen. Alle daran Beteiligten waren sich schnell
darüber im Klaren, das es sich um richtungsweisende, ja
revolutionierende Forschungen handelte.
Es war eine Herausforderung für das Entwicklungsteam um
Robert Lusser bzw. Woldemar Voigt. Fasziniert von der Aufgabe, ein vollkommen neues Flugzeug zu konstruieren, dessen aerodynamischen Formen, wie auch der innerstatische
Kräfteverlauf der Maschine in ihrer Belastbarkeit erst ermit-
telt werden mussten, ging das Team mit hohem Engagement
an die Arbeit. So entstanden in der Folgezeit Entwürfe über
ein- und zweistrahlige Jagdflugzeuge, die in ihrer Art noch
heute den Betrachter beeindrucken. Unter Beachtung der
konstruktiv-technischen Parameter der in der Entwicklung

Am 17. Oktober 1939 skizzierte Willy Messerschmitt seine Vor-
stellungen für ein Jagdflugzeug mit TL-Strahlantrieb. Die Zeich-
nung gilt als der früheste Entwurf mit schriftlichen Erläuterungen
für den Jagdeinsitzer P 1065, der späteren Me 262. Zwar noch als
Mitteldecker konzipiert, zeigt der Entwurf bereits die charakteristischen Merkmale einer neuen Kampfjet-Generation wie ein Bugrad-
Fahrwerk, ein für hohe Geschwindigkeiten aerodynamisch vorteil-
haft geformter Rumpfquerschnitt sowie ein Höhenleitwerk in hal-
ber Seitenflossenhöhe.

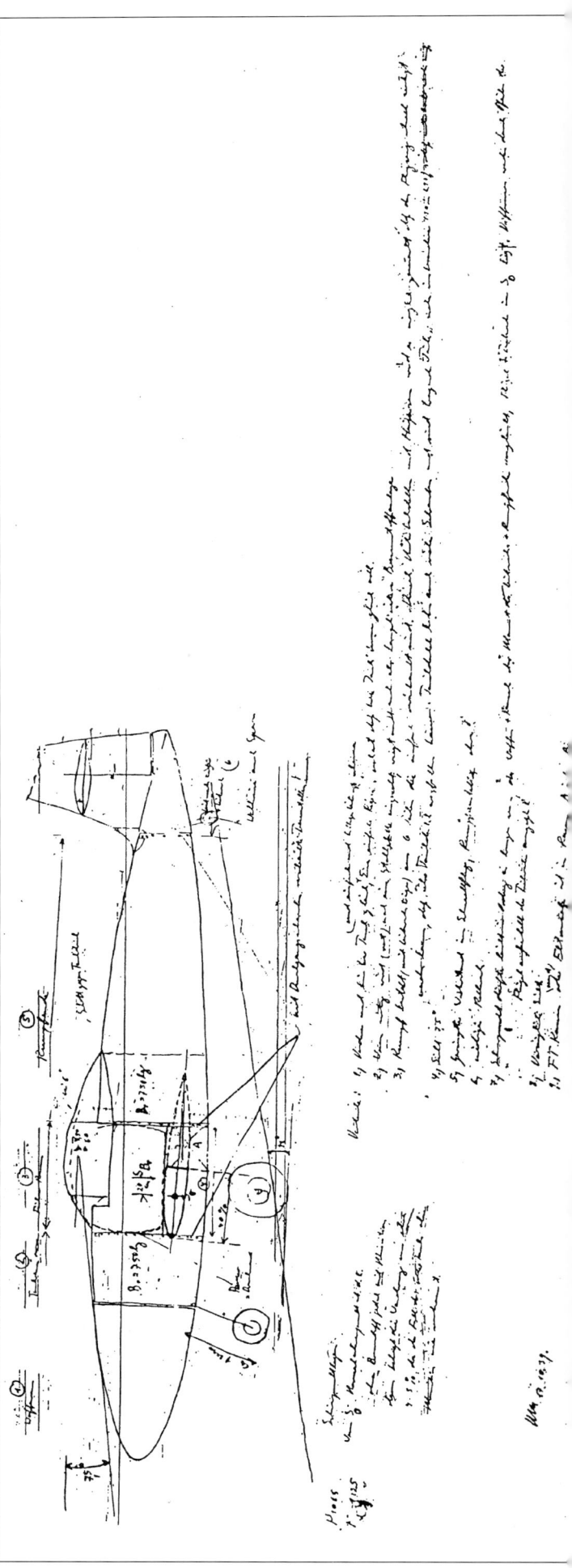

befindlichen Triebwerke bei BMW und Junkers ermittelte das Entwicklungsteam einen Schwerpunktkatalog der abzuarbeitenden Probleme. Bei der konstruktiven Gliederung des Jagdflugzeuges verfolgten sie konsequent das Ziel der gestalterischen Vereinfachung. Die neue Maschine sollte leicht an Gewicht sein, einfach in der Konstruktion und eine ausgezeichnete Aerodynamik besitzen, um schnell und wendig zu fliegen.

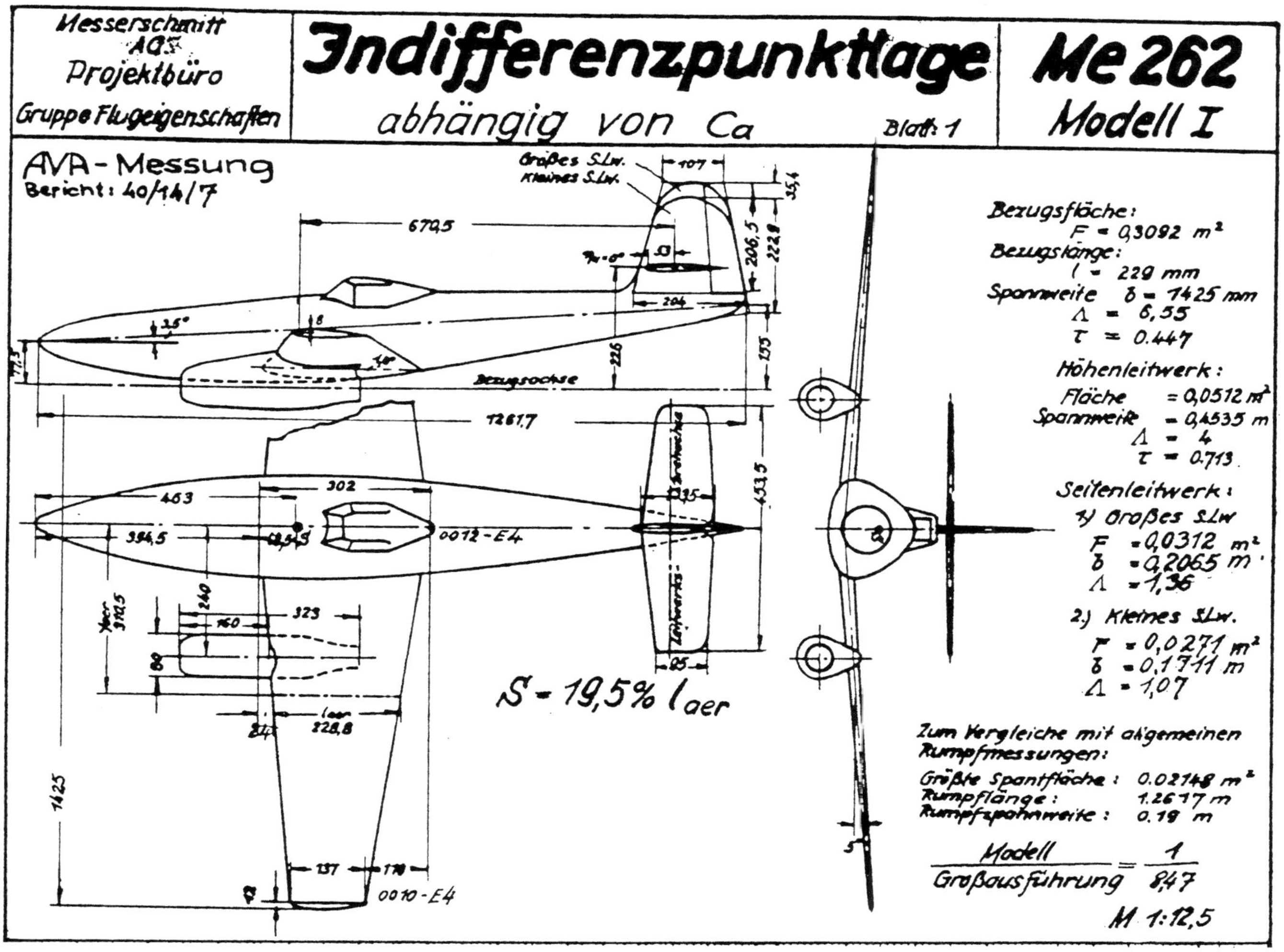

Im Ergebnis der Windkanalversuche entstand durch die Mitarbeiter der Aerodynamischen Versuchsanstalt diese Projektzeichnung zur Indifferenzpunktlage des Jet-Jagdfliegers Me 262. Das undatierte Blatt wird in der bisherigen Fachliteratur vom Stand März 1940 eingeordnet. Zu diesem Zeitpunkt hieß das Projekt aber noch offiziell P 65 und danach P 1065. Eine Baumusterbezeichnung als Messerschmitt Me 262 erfolgte erst im Februar 1941 durch das Reichsluftfahrtministerium in Berlin.

Vermutlich im Frühjahr 1942 entstand dieses Foto der Me 262 V 1 mit der Werk-Nr. 262 000 01, Kennzeichen PC+UA, mit dem Jumo 210 G-Motor im Bug, während die beiden BMW-Triebwerke P 3302 (später BMW 003) gerade eingebaut werden. Genau genommen handelt es sich um eine Ausschnitt-Vergrößerung, denn für die Fotografie der Tragfläche der Me 309 V 4 (nicht mit abgebildet) lichtete der Fotograf zufällig auch die durch das geöffnete Hallentor zu sehende 262 V 1-Maschine mit ab.

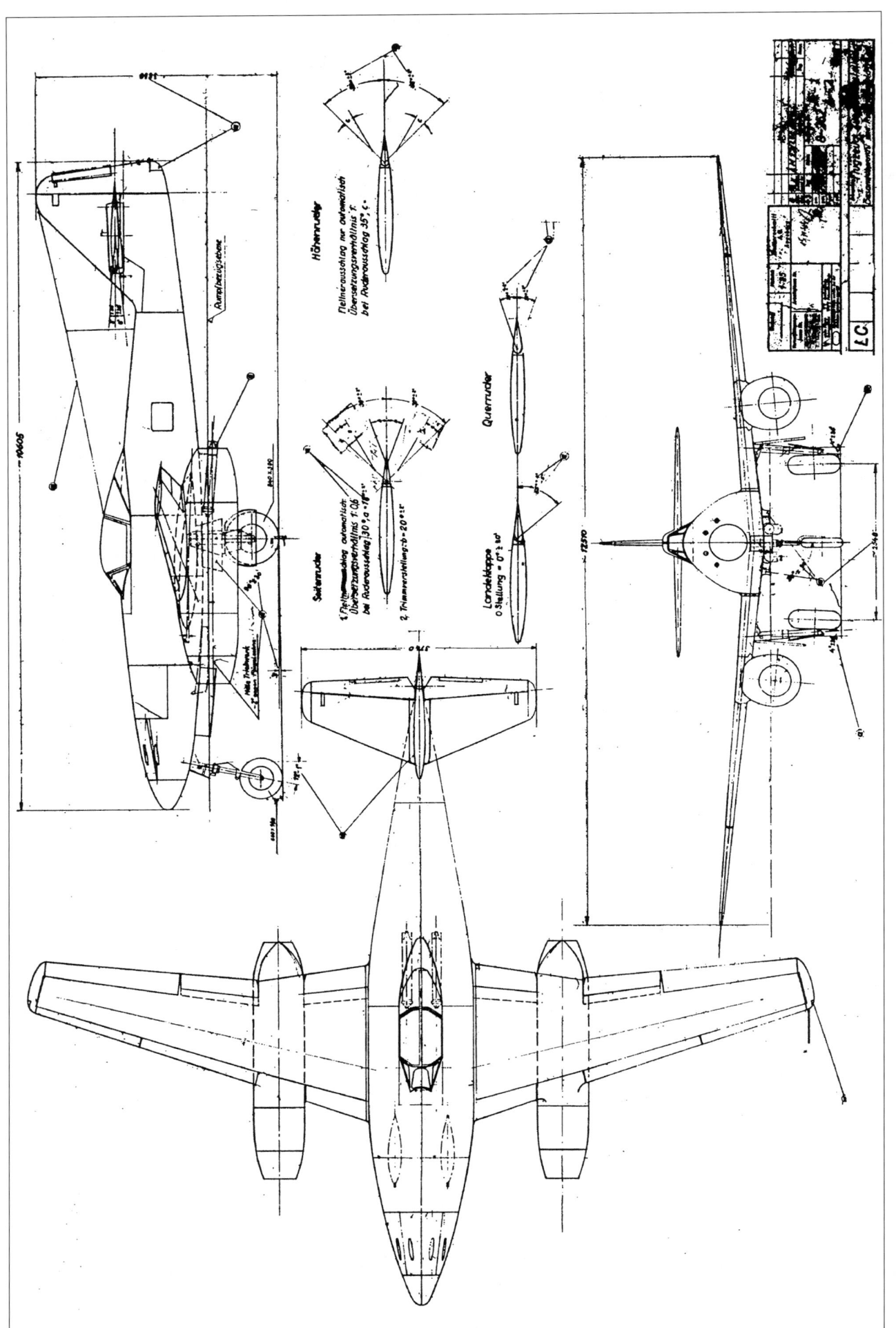

Originalzeichnung der Me 262 mit einer Spezifizierung des Seiten- und Höhenruders sowie der Landeklappe und dem Querruder vom Stand 15. November 1943.

Nach vielen Diskussionen ob ein- oder zweistrahlige Maschinen günstiger wären, entschied sich Messerschmitt für den zweistrahligen Tiefdecker. Bei den einstrahligen Ausführungen bereitete stets der Lufteinlauf Probleme. Da die Maschine sprichwörtlich auf dem kleineren Triebwerk saß, war ein längeres Zuleitungsrohr für den Verdichter notwendig, was stets zu hohen Strömungsverlusten führte. Auch verschiedene Doppelrumpf-Varianten, bei denen das Triebwerk hinten zwischen den beiden Leitwerkträgern saß, wurden ausprobiert, aber wieder verworfen. So entstand am Ende der Entwicklungsreihen ein zweistrahliger Tiefdecker mit einem hochinteressanten bis dahin noch ungewohnten Aussehen unter der Typenbezeichnung P 65. Ein Entwurf, dessen Modell in Windkanalversuchen getestet und als Projekt am 7. Juni 1939 dem Reichsluftfahrtministerium übergeben wurde.

Nach Prüfung und Bestätigung der Unterlagen erhält Messerschmitt im März 1940 den Auftrag zur Herstellung von drei Maschinen als sogenannte Prototypen unter der Bezeichnung P 1065. Parallel dazu sollte eine weitere Zelle gebaut werden, die ausschließlich für Bruchversuche bestimmt war. Damit wollte man das Risiko eines unvorhergesehenen Fehlschlages minimieren, denn alle Beteiligten waren sich darüber im Klaren, dass mit diesem Flugzeugtyp Neuland betreten wird. Während der Musterfertigung konnten noch Verbesserungen eingearbeitet werden, wie das nun sehr markant gebildete dreieckige Rumpfprofil, der nach rückwärts gepfeilte Flügelholm und das nach innen einziehbare Fahrwerk.

Jede Veränderung musste mit Willy Messerschmitt, der persönlich den Fortgang der Entwicklungsarbeiten kontrollierte, abgestimmt werden. Schweren Herzens musste er die ursprünglich vorgesehene Triebwerkanordnung vom Inneren der Tragfläche unterhalb des Tragflügels verlegen. Grund: das BMW 003- und auch das Jumo 004-Triebwerk waren in ihren Dimensionen und Gewicht größer als geplant. Hinzu kam der verhältnismäßig hohe Wartungsaufwand der Triebwerke, der eine Instandsetzung bzw. Reparatur im Flügelbereich wesentlich erschweren würde. Durch die neue Triebwerkanordnung veränderte sich aber auch der Schwerpunkt der Maschine; so entstand die Idee des rückwärts gepfeilten Flügelholms. Erneute Berechnungen wurden erforderlich. Permanent legte Prof. Messerschmitt dem Zweck angepasste neue Skizzen und Überarbeitungen vor, belebte so die Diskussion als Ideengeber und Promotor. Am 15. Mai 1940 lag der endgültige Entwurf der Messerschmitt Me 262 mit den Trapezflügeln, einer 19° gepfeilten Vorderkante und der neuen Triebwerkanordnung im RLM vor.

Bei einer Besichtigung der Bauattrappe der Me 262 durch das Reichsluftfahrtministerium, an der auch Vertreter von BMW und Junkers teilnahmen, ist man über den fortgeschrittenen Bearbeitungsstand des neuen Jägers erstaunt und muss aber Prof. Messerschmitt gegenüber feststellen, dass noch kein serienreifes Triebwerk vorhanden sei. Die Triebwerk-Testreihen und -Versuche zeitigten zwar gute Ergebnisse, doch lag ihre Störanfälligkeit noch zu hoch. Hinzu kam ein hoher Materialverschleiß aufgrund der hohen Verbrennungstemperaturen und die noch instabilen Leistungskennzahlen. Probleme, die eine Serienfertigung zwangsläufig verzögern mussten. Ebenso kam es zu Materialproblemen, denn Spezialstähle und Sonderlegierungen waren nach wehrpolitischen Dringlichkeitsstufen kontingentiert.

So war die Situation Ende 1940. Und doch gelang es Willy Messerschmitt, seine Forschungs- und Entwicklungsgruppe so zu motivieren, dass im Januar 1941 die P 1065 V-1 fertiggestellt und ihr Erstflug mit einem Jumo 210-Motor vorbereitet werden konnte. Im Februar 1941 erhält das Flugzeug vom Reichsluftfahrtministerium die offizielle Typenbezeichnung: Messerschmitt Me 262.

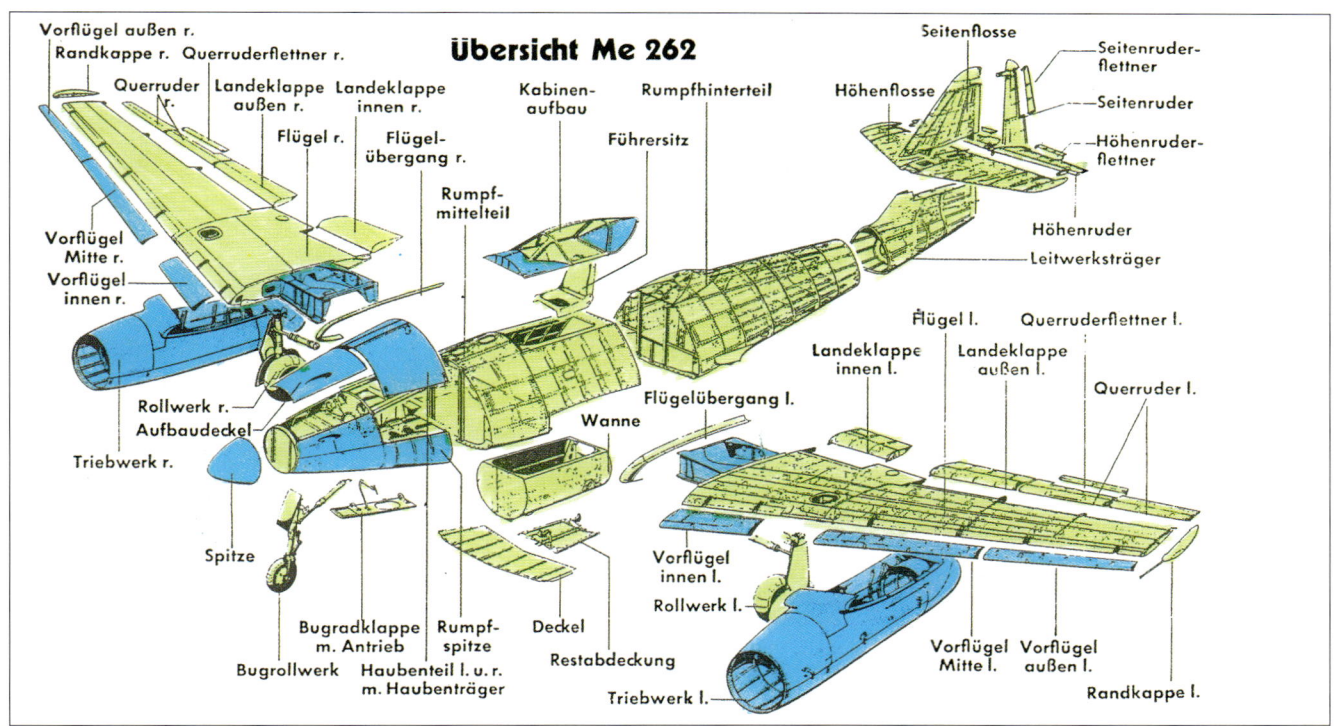

Baugruppen-Übersicht der Me 262. Aufgrund der kriegsbedingt angespannten Materialsituation kam neben Duraluminium als Leichtmetall (gelb getönte Flächen) auch Stahlblech (Bauteile im Blauton) zur Anwendung. Speziell die Holmgurte, die Rumpfspitze mit Waffenkanzel, die Vorflügel und die Triebwerksverkleidungen bestanden aus einer dünnwandigen Kruppstahl-Konstruktion. Dadurch reduzierte sich der Leichtmetallanteil der Me 262 auf 0,55 t pro Tonne Fluggewicht, bezogen auf die Zelle, gegenüber 0,95 t zum Jäger Me 109 K (Bf 109 K). Der höhere Stahlanteil vergrößerte zwangsläufig die Flugmasse.

Erkenntnis durch Erprobung – Eine neue Art des Fliegens

Fritz Wendel, einer der begabtesten und zuverlässigsten Versuchspiloten in Deutschland und mit der Firma Messerschmitt aufs engste verbunden, startete am 18. April 1941 mit der Messerschmitt Me 262 V-1 mit der Kennung PC+UA, Werk-Nr. 262 000 01, ausgerüstet mit einem Jumo 210, zum Erstflug. Mit dem Jumo-Kolbenmotor, seine Anordnung erfolgte im Bug der Maschine, erreichte die Me 262 V-1 im Horizontalflug eine Geschwindigkeit von 450 km/h, im Bahnneigungsflug konnte die Geschwindigkeit bis 800 km/h gesteigert werden.

Willy Messerschmitt zeigte sich zufrieden über dieses Ergebnis, zumal die schnittige und elegant wirkende aerodynamische Formgebung der Maschine und seine konsequent durchgesetzte Forderung der minimierten Leichtbauweise zum Erfolg dieses Fluges beigetragen haben. Da die gewünschten Strahltriebwerke noch nicht für den Einsatz zur Verfügung standen, übernahm der Versuchspilot Karl Baur weitere Testflüge mit der Messerschmitt Me 262 V-1. Diese Flüge ermöglichten Untersuchungen der Steuereigenschaften der Maschine im mittleren Geschwindigkeitsbereich. So konnte man bereits Erfahrungen für den späteren Einsatz mit den Jet-Triebwerken sammeln.

Aufgrund der gezeitigten Testergebnisse der Versuchsflüge übergab das Reichsluftfahrtministerium der Firma Messerschmitt am 25. Juli 1941 die Aufträge zum Bau von fünf weiteren Versuchsmaschinen und für eine Vorserienfertigung von 20 Maschinen mit Liefertermin bis spätestens Oktober 1942. Da Willy Messerschmitt die Me 262 vorrangig für das BMW-Triebwerk 003 konzipiert hatte, das BMW-Triebwerk sollte noch vor dem Jumo 004-Triebwerk in Serie gehen, ergänzte das Reichsluftfahrtministerium im September 1941 seinen Auftrag in der Richtung, die Messerschmitt Me 262

auch als schnellen Aufklärer mit größerer Reichweite ohne Bewaffnung und mit zwei Jumo 004 ausgerüstet zu liefern. Innerhalb weniger Wochen hat Willy Messerschmitt die entsprechenden Berechnungen und Zeichnungen für das neue Projekt fertiggestellt und dem Reichluftfahrtministerium in Berlin übergeben. Daraufhin erhält die Firma Messerschmitt den Auftrag, für den schnellen Höhenaufklärer der Me 262 eine Führerraum-Attrappe anzufertigen.

Zwischenzeitlich gab es im Reichsluftfahrtministerium Überlegungen, die Messerschmitt Me 262 zur Flugerprobung mit 2 x Walter-Raketentriebwerken HWK R-II-203b bzw. mit 2 x Argus-Pulso-Triebwerken auszurüsten. Vermutlich angeregt von den aufsehenerregenden Flügen mit der Messerschmitt Me 163 A, einem Raketenflugzeug, das die erfahrenen Versuchspiloten Heini Dittmar und Rudolf Opitz in der Flugerprobungsstelle Rechlin im Herbst 1941 erfolgreich testeten, sollte nun endlich auch die Me 262 praxisnah im Hochgeschwindigkeitsbereich untersucht werden. Nach einem Schlepp auf 4.000 m Höhe erreichte Heini Dittmar am 2. Oktober 1941 bei voller Leistung des HWK R-II-203b-Raketen-Triebwerkes eine Geschwindigkeit von knapp über 1.000 km/h. Beeindruckt von den Versuchen äußerte sich Heini Dittmar euphorisch: »Hier beginnt eine neue Art des Fliegens!« Doch auch diese Raketentriebwerke befanden sich noch in der Erprobungsphase und an eine serienreife Fertigung war zu diesem Zeitpunkt noch nicht zu denken, da der technologisch bedingte Fertigungsmittel- und Vorrichtungsbau noch nicht vorhanden war. So nahm man auch von diesem Vorhaben Abstand.

Gerade durch das Vernachlässigen bzw. Nichtbeachten technologisch und logistisch bedingter Vorlaufzeiten und der nicht termingerechten Bereitstellung kontingentpflichtiger

Startvorbereitung der Me 262 V 3 zum Probeflug. Eines der seltenen historischen Farbaufnahmen des Jet-Jägers, auf der die Tarn-Farbgebung gut zu erkennen ist.

Die Anspannung und Konzentration ist dem Flugkapitän und Testpiloten Fritz Wendel vor seinem Probeflug mit der Me 262 V 3 anzusehen.

Eine Me 262 A-1a rollt zur Startposition für ihren Jagdeinsatz. ▽

Mit einem Tarnnetz gegen feindliche Luftaufklärung versehen, soll dieser Me 262-Jabo für das »Schnellbomberprogramm« getestet werden.

Vorbereitung einer Me 162 B-2a für den Nachtjägereinsatz. Nach dem Aufmunitionieren der Bordkanonen wird durch den Funktechniker das Fu G 218 mit seiner Antennenanlage abgestimmt.

Waffenwarte beim Anbringen einer SC 500-Testbombe für die Erprobung des Me 262-Jagdbombers.

Spezialwerkstoffe und anderer Materialien bei der Umsetzung von Forschungsergebnissen in die Produktion, traten in der deutschen Luftfahrtindustrie ab 1940 hohe Zeitverluste auf. Faktoren, für die ursächlich die Ministerialbürokratie des Reichsluftfahrtministeriums verantwortlich war und die den weiteren Kriegsverlauf beeinflussen sollten. Ernstzunehmende und warnende Hinweise der führenden Köpfe der Luftfahrtindustrie wurden von den maßgebenden Stellen im Reichsluftfahrtministerium nicht ernst genommen, ja sogar ignoriert und wenn doch über Probleme gesprochen wurde, dann oft unter der Androhung angeblicher »Wehrkraftzersetzung«. So lesen sich die Protokolle der geheimen Konferenzen des Generalluftzeugmeisters Generalfeldmarschall Erhard Milch, der nach dem Freitod von Generaloberst Ernst Udet am 17. November 1941 das Amt übernahm, zum überwiegenden Teil wie ein politischer Kriminalroman.

Mitte November 1941 lieferte BMW die ersten TL-Triebwerke unter der Typenbezeichnung P 3302 an die Firma Messerschmitt. Bei der Montage der Triebwerke in die vormontierten aerodynamischen Verkleidungen unter die Tragflächen der Me 262 V-1 ging es zügig voran. Das Team um Dipl.-Ing. Woldemar Voigt hatte eine exzellente Vorarbeit geleistet, alles lief reibungslos nach Plan ab. Doch Willy Messerschmitt bleibt vorsichtig und lässt den Jumo 210-Kolbenmotor eingebaut. Eine berechtigte Vorsichtsmaßnahme, denn über das Laufverhalten der BMW-Triebwerke am Flugzeug lagen noch keinerlei Erfahrungen vor.

In der Konstellation 2 x BMW P 3302-Triebwerke (wird BMW 003) und 1 x Jumo 210-Kolbenmotor startet der Versuchspilot Fritz Wendel am 25. März 1942 mit der Messerschmitt Me 262 V-1, genau vier Monate nach der Lieferung der BMW-Triebwerke, zum ersten Testflug. Es war trotzdem ein Wagnis, denn mit 1.100 m Länge und einer Graspiste galt der Augsburger Flugplatz für dieses Experiment bereits als zu klein. Hinzu kam die hohe Abflugmasse durch die beiden Triebwerke, den Kolbenmotor und der Zusatzbetankung. Zwar kann Fritz Wendel am Ende der Startbahn abheben, die Grasnarbe war entlang der Rollstrecke natürlich restlos verbrannt und der Boden dampfte richtig, doch bereits in etwa 50 m Höhe fielen kurz hintereinander beide BMW-Triebwerke aus. Keines der beiden Triebwerke hatte auch nur annähernd die angegebenen Schubwerte erreicht. Nur mit Hilfe des Kolbenmotors gelingt es dem versierten Versuchspiloten die Maschine sicher herunterzubringen. Bei der Notlandung, die Sinkgeschwindigkeit lag noch ziemlich hoch, ging das Fahrwerk zu Bruch. Die Bruchursache lag aber zum Teil an der Graspiste, die aufgrund ihrer Struktur und Belastbarkeit für diese neue Generation von Jagdflugzeugen nicht geeignet war. Ein Erkenntnisprozess, den noch viele Jet-Piloten machen sollten.

Sich der Bedeutung dieses Testfluges nicht richtig bewusst und enttäuscht vom Ausfall der Triebwerke, reduzierte die Ministerialbürokratie des Reichsluftfahrtministeriums die Zahl der Messerschmitt Me 262 Versuchsmaschinen auf nur drei Prototypen. Gleichzeitig forderte das Ministerium Willy Messerschmitt auf, weitere Flugversuche ausschließlich mit Jumo 004-Triebwerken vorzunehmen. So unternahm der Versuchspilot Fritz Wendel eine Informationsreise zur Junkers Flugzeug- und -Motorenbau AG (JFM) nach Dessau. Dort konnte er Prüfstandversuche am Jumo 004 beobachten und machte sich mit der Arbeitsweise der Turbo-Luftstrahltriebwerke vertraut. So gelangte Fritz Wendel als einer der ersten Jet-Piloten zu der Erkenntnis, dass ein Strahltriebwerk in den verschiedenen Flugphasen andere Beschleunigungswerte als ein Propellerflugmotor aufweisen muss. Auch heute im Zeitalter des Fly-by-Wire spielt die Triebwerkbeschleunigung die entscheidende Rolle. Um vom Leerlauf auf Vollschub zu gelangen, benötigt man eine wesentlich längere Zeit als zur Beschleunigung eines warm gelaufenen Kolbentriebwerkes. Eine Tatsache, die 1942 noch völlig unbekannt war, und die Fritz Wendel beim JFM in Dessau erkannte. Der Junkerskonzern besaß einen fliegenden Jet-Prüfstand in Form einer Messerschmitt Me 110 B (Bf 110 B), unter der ein Jumo 004-Triebwerk angeordnet war. Dadurch gelang es dem Versuchspiloten im praktischen Flug, sich mit der Arbeitsweise eines TL-Triebwerkes vertraut zu machen. Kam es während der Testphase eventuell zu einem Ausfall des Triebwerkes, was bei Versuchsflügen stets passieren konnte, bestand die Möglichkeit, dass bei einer Havarie der Pilot die Maschine mittels des Propeller-Kolbenmotors sicher landen konnte.

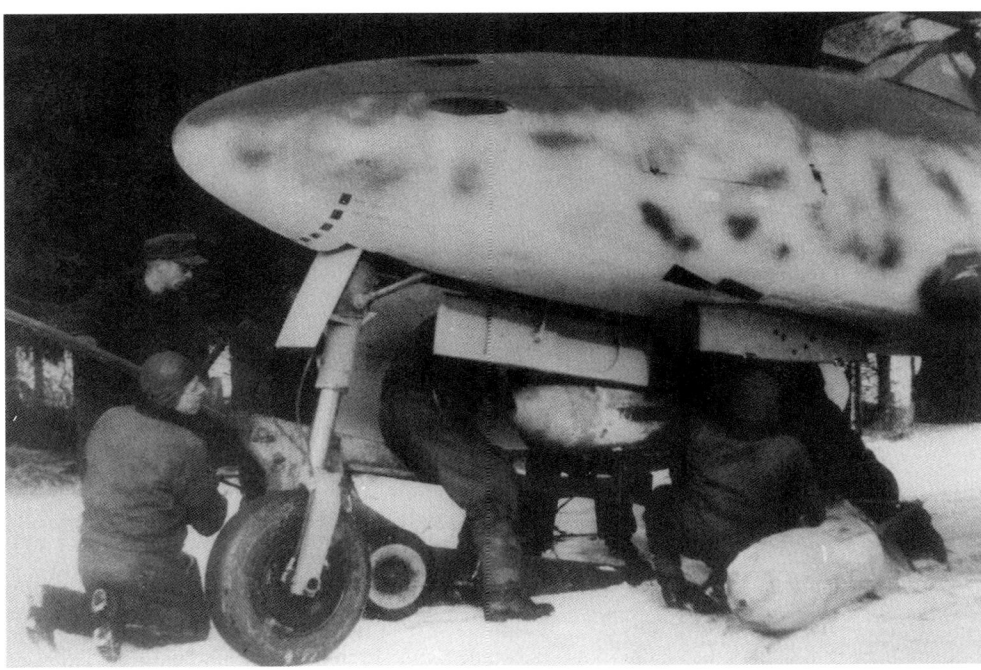

Das Anbringen der Bomben unter den Tragflächen der Me 262 V 10 war nicht nur kraftaufwendig, sondern verlangte auch eine präzise Arbeitsweise, bei der jeder Handgriff sitzen musste.

Ausgerüstet mit einem speziell für den Schnellflug entwickelten Bombenträger, der aufgrund seiner Formgebung den Namen »Wikingerschiff« erhielt, erfolgte eine Reihe von Testflügen mit Bombenabwurf. Die Ergebnisse wurden zwar als zufriedenstellend eingestuft, zeigten aber auch die Fehlbeurteilung der militärtaktischen Möglichkeiten der Me 262 als dem schnellsten Jäger der Welt, durch die Führung des OKW.

Begeistert flog Fritz Wendel mehrmals die Messerschmitt Me 110 B (Bf 110 B) als fliegenden Prüfstand und schulte sich so für die Me 262 V-3, die wie geplant mit zwei Jumo 004 A-Triebwerken ausgerüstet werden sollte. Anfang 1942 war es dann soweit. In Augsburg trafen die beiden gewünschten Triebwerke aus Dessau ein. Doch traten beim Einbau Schwierigkeiten auf. Zwar waren beide Jumo 004-Aggregate bereits im fliegenden Prüfstand mit je 700 kp Schub erfolgreich getestet worden, allerdings waren sie vom Volumen her etwas größer und schwerer als das Triebwerk von BMW. Dem musste beim Einbau in die Messerschmitt Me 262 V-3 Rechnung getragen werden.

Sechs Monate nach Lieferung der Triebwerke startete am 18. Juli 1942 Fritz Wendel die Me 262 V-3 zum Erstflug mit den neuen TL-Triebwerken. Als Startplatz wurde bei diesem Test der Flugplatz Leipheim bei Ulm ausgewählt, da er eine lange und vor allem feste Startbahn besaß. Beim zweiten Rollversuch hob Wendel die Maschine mit einer Startgeschwindigkeit von 180 km/h ab, steigerte die Fluggeschwindigkeit auf etwa 600 km/h und erreichte eine Höhe von 2.000 m. Die

Jumo-Triebwerke arbeiteten problemlos, Beschleunigung und Kraftstoffregelung funktionierten einwandfrei und die Maschine zeigte ein tadelloses Flugverhalten.

Noch am gleichen Tag nachmittags führte Fritz Wendel einen Zweitflug durch. Dabei erreichte er eine Höhe von 3.500 m bei einer Steiggeschwindigkeit von 5 m/s bis 6 m/s, wobei die Fluggeschwindigkeit 720 km/h betrug. Optimistisch gestimmt von diesen Ergebnissen, ging man die nächsten Probleme an. Erneut zeigte sich der Nachteil des Heckrades für ein strahlgetriebenes Jagdflugzeug. Zu groß war die Kräftebeanspruchung auf das Rad, besonders während der Startphase, aber auch bei der Landung, da es den Belastungen nicht immer standhielt. Hinzu kamen die ungenügenden Sichtverhältnisse des Piloten beim Aufsetzen der Maschine. Natürlich kannte das Team um Willy Messerschmitt die Vorteile eines Bugrades, doch dessen Nachteil – das höhere Gewicht gegenüber einem Heckrad – passte nicht in das technische Konzept. Denn Willy Messerschmitt vertrat die Ansicht, dass eine Jagdmaschine wie die Me 262 vor allem leicht sein müsse, um so von den Faktoren Schnelligkeit und Wendigkeit profitieren zu können. Aber der Ver-

Vorbereitung einer Me 262 A-1a/U-3 für einen Aufklärungsprobeflug. Dazu kamen zwei Reihenbildgeräte vom Typ RB 50/30 zum Einsatz, die sich im vorderen Rumpf der Maschine befanden.

nunft gehorchend erhielt die Messerschmitt Me 262 ab dem
5. Prototyp doch ein Bugrad-Fahrwerk.

Zwischenzeitlich lief die Flugerprobung weiter. Parallel dazu
fanden Versuche im Augsburger Windkanal statt, um zu
klären, weshalb während des Landeanflugs die Strömung an
den Flügelmittelstücken vorzeitig abriss. Um den Abriss zu
verhindern, musste die Landebahn mit einer hohen Landege-
schwindigkeit angeflogen werden, was wiederholt zu Bruch
führte. Durch eine Veränderung der Flügelnase, sie wurde
weiter nach vorn gezogen, konnte das Problem gelöst werden.
Im Frühjahr 1943 sah Willy Messerschmitt nach einer Reihe
weiterer Verbesserungen an der Me 262 die Möglichkeit, das
Flugzeug den tatsächlichen Experten der Luftwaffe, das
waren vorrangig erfahrene Kampfflieger, zu präsentieren.
Am 22. Mai 1943 besuchte Adolf Galland, General der Jagdflieger, den Flugplatz Lechfeld. Mit dabei die Fachleute der
Flugerprobungsstelle Rechlin sowie die leitenden Ingenieure von Messerschmitt und Junkers.

Von den Ingenieuren in die Messerschmitt Me 262 V-4 ein-
gewiesen, startete Galland zu seinem ersten Jetflug und

Unmittelbar nach dem Aufklärungsflug wird die belichtete Film-
kassette des Reihenbildgerätes zum Aufklärerstab zur Auswertung
gebracht.

Am Beispiel der Triebwerksverkleidung und deren Aufhängung ist der aerodynamisch-konstruktive Entwicklungsweg der Me 262 gut zu
erkennen. Während die Triebwerksform der Versuchsmaschine (linkes Bild) noch eine in sich volumenmäßig kompakte Gestaltung auf-
weist, zeigt das Triebwerk am Vorserienmodell (rechtes Foto) bereits eine verschlankte aerodynamisch ideal wirkende Form auf.

Im Gegensatz dazu besaß die zweisitzige Me 262 ein etwas längeres Rumpfprofil.

21

Die einsitzige Messerschmitt Me 262 wies eine aerodynamisch optimale Rumpfform auf.

äußerte sich nach der Landung beeindruckt: »Es ist, als wenn Engel schieben.« In seinen Lebenserinnerungen schildert er seine Eindrücke über diesen Flug noch einmal sehr anschaulich:

»Wir fuhren hinaus zur Startbahn. Da standen die beiden Düsenjäger Me 262, Anlass und Mittelpunkt unserer Zusammenkunft und gleichzeitig unser aller großen Hoffnung. Ein ungewohnter Anblick, diese Flugzeuge ohne Luftschraube. In den stromlinienförmig verkleideten beiden Zylindern unter den Tragflächen steckten die Rückstoßtriebwerke. Keiner der Ingenieure hatte uns genau sagen können, wie viel PS die Maschinen entwickelten. Auf unsere Fragen hatten sie ihre Rechenschieber emsig betätigt und sich nur auf soundso viel hundert Kilogramm Schub bei der und der Fluggeschwindigkeit in einer bestimmten Höhe festgelegt, die bei dem vorliegenden Fluggewicht einem Aufwand von soundso viel PS Luftschraubenantrieb entspräche. Das machte uns Piloten, die wir noch nicht auf die Eigenarten der bisher unbekannten Schubkraft umgeschaltet hatten, anfänglich misstrauisch. Doch die Ingenieure hatten mit ihren seltsamen Kalkulationen schon Recht. Vergleiche mit der Antriebsleistung für Luftschrauben waren tatsächlich

unangebracht. Trafen die von der Firma angegebenen, errechneten und zum Teil schon erflogenen Leistungen auch nur annähernd zu, dann eröffneten sie ungeahnte Möglichkeiten. Und um diese allein ging es!
Die damals phantastische Fluggeschwindigkeit von 850 km/h im Horizontalflug bedeutete einen Vorsprung von mindestens 200 km/h gegenüber den schnellsten Propellerjägern der Welt. Außerdem waren Flugzeiten zwischen 50 und 70 Minuten zu erwarten. Als Kraftstoff konnte minderwertiges, dieselähnliches Öl verwendet werden, statt des hoch raffinierten, immer schwerer zu beschaffenden klopffesten Fliegerbenzins.«

Messerschmitts geschickt in Szene gesetzter und meisterhaft propagierter Prominenten-Testflug fand seine entsprechende Resonanz. Gallands Begeisterung für den superschnellen Vogel sprach sich wie gewünscht schnell herum.
In der Folgezeit forderte nahezu jede Spezialeinheit der Luftwaffe eine für ihre Aufgaben zugeschnittene Sonderausführung der Me 262 an. So entstanden in den Messerschmittwerken Augsburg und Regensburg Me 262-Projekte, deren Aufgaben-Vielfalt auf die Anforderungen und Probleme hinweist, vor denen die jeweiligen Jagdverbände der Luftwaffe standen.

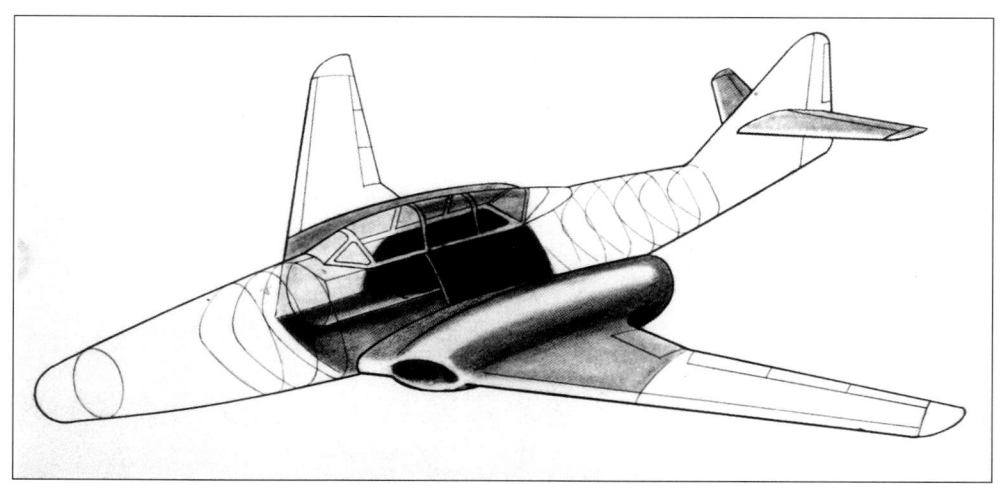

Als dreisitzige Variante war der Nachtjäger Me 262 HG III geplant, deren zwei Triebwerke in den Tragflügeln integriert werden sollten.

Übersicht der Messerschmitt Me 262-Baureihen

Version	Einsatz	Triebwerke je 2 x	Bewaffnung/Nachrichtentechnik/ Charakteristik
Me 262 A-1a	Jäger	Jumo 004 B-1	Bewaffnung: 2 x MK 108 je 100 Schuss 2 x MK 108 je 80 Schuss Nachrichtentechnik: FuG 16 ZY mit ZVG FuG 25a zusätzlich: 2 Raketen mit je 500 kp Schub als Starthilfe
Me 262 A-1a/U-1	Jäger	Jumo 004 B-1	Bewaffnung: 1 x MK 103 mit 78 Schuss 2 x MK 108 je 66 Schuss 1 x MG 151 mit 144 Schuss Nachrichtentechnik: wie A-1a zusätzlich: 1 x Kanone BK 5
Me 262 A-1a/U-2	Schlechtwetter-Jäger	Jumo 004 B-1	Bewaffnung: wie A-1a Nachrichtentechnik: FuG 16 ZY mit ZVG FuG 25a FuG 125 zusätzlich: Kurssteuerung K 22
Me 262 A-1a/U-3	Behelfs-Aufklärer	Jumo 004 B-1	anstelle der Bewaffnung: 2 x Reihenbildgeräte RB 50/30 zusätzlich: Kurssteuerung K 22
Me 262 A-1a/U-4	Jäger	Jumo 004 B-1	Bewaffnung: wie A-1a Nachrichtentechnik: wie A-1a zusätzlich: 1x Kanone MK 214
Me 262 A-1a/U-5 sonst wie A-1a	Jäger	Jumo 004 B-1	Bewaffnung: 6 x MK 108,
Me 262 A-2a	Jabo/Blitzbomber	Jumo 004 B-1	Bewaffnung: 2 x MK 108 Bombenschlösser »Wikingerschiff« oder ETC 503 später ETC 504, sonst wie A-1a/U-2
Me 262 A-2a/U-1	Jabo/Blitzbomber	Jumo 004 B-1	wie A-2a zusätzlich: mit Bombenzielgerät TSA in der Rumpfspitze
Me 262 A-2a/U-2	Schnellstbomber	Jumo 004 B-1	wie A-2a, zusätzlich: größere Kabine für den liegenden Bombenschützen, der das Zielgerät Lotfe 7H in der Rumpfspitze bedient
Me 262 A-3a	Panzerflugzeug	Jumo 004 B-1	Rumpfmittelteil stark gepanzert, sonst wie A-1a/U-2 (wurde nicht gebaut)

Version	Einsatz	Triebwerke je 2 x	Bewaffnung/Nachrichtentechnik/Charakteristik
Me 262 A-5a	Schnell-Aufklärer	Jumo 004 B-1	2 x Bildgeräte RB 50/30 in der Rumpfspitze, Beobachtungsfenster nach unten, sonst wie A-1a/U-2
Me 262 B-1a	Schulflugzeug	Jumo 004 B-1	zweisitzig mit Doppelsteuerung, sonst wie A-1a, später wie A-1a/U-2
Me 262 B-1a/U-1	Behelfs-Nachtjäger	Jumo 004 B-1	Rumpf vom B-1a zweisitzig Bewaffnung: 4 x MK 108 mit Nachtjagdausrüstung Nachrichtentechnik: FuG 16 ZY mit ZVG FuG 25a FuG 218 FuG 125 ETV-Anlage später FuG 24
Me 262 B-2a	Nachtjäger	Jumo 004 B-1	Rumpf zylindrisch verlängert, dadurch zweisitzig, sonst wie A-1a/U-2
Me 262 C-1a	Heimatschützer I	Jumo 004 B-1 zusätzlich mit Walter-Raketentriebwerk	wie A-1a, später wie A-1a/U-2; durch Einbau des Walter-Triebwerkes Änderung des Leitwerksträgers
Me 262 C-2b	Heimatschützer II	BMW 003 R	wie A-1a
Me 262 C-3	Heimatschützer IV	BMW 003 R zusätzlich mit Walter-Raketentriebwerk	Walter-Triebwerk unter dem Rumpf, sonst wie A-1a

Fertigung der Messerschmitt Me 262 im Ausland

Version	Bezeichnung als Jäger	Triebwerke ja 2 x	Land und Charakteristik
Me 262 A-1a	Avia S 92	Jumo 004 B-1	Tschechoslowakei von 1946-1949, 12 Stück gebaut
Me 262 B-1a	Avia CS 92	Jumo 004 B-1	Tschechoslowakei 1946, 1 Stück gebaut
Me 262 A-1a	Nakajima J8N1	Jumo 004 B-1	Japan 1945 in Lizenz gefertigt Erstflug am 7. August 1945

Seitenrisse ausgewählter Messerschmitt Me 262-Varianten im Vergleich:

Me 262 V1 mit Kolbenmotor Jumo 210 G

Me 262 A-1a	Schulflugzeug Me 262 B-1a
	Me 262 B-1a
Me 262 V3	Me 262 B-1a/U-1
Me 262 A-1/U-1	Me 262 B-2a
Me 262 A-2a/U-1	Me 262 C-1a
Me 262 A-2a/U-2	Me 262 C-2b

▷

Seitenrisse ausgewählter Messerschmitt Me 262-Varianten im Vergleich

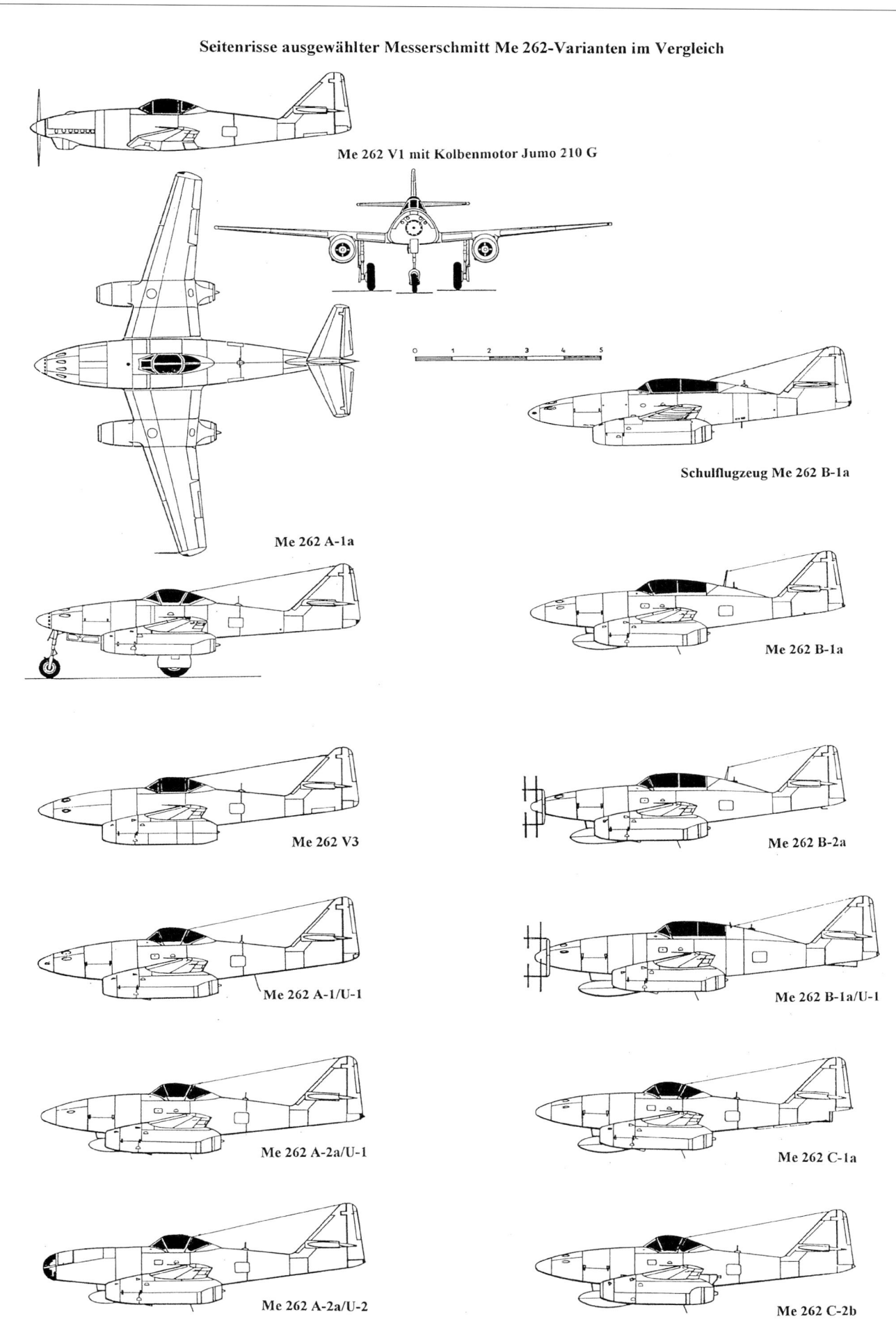

Me 262 V1 mit Kolbenmotor Jumo 210 G

Me 262 A-1a

Schulflugzeug Me 262 B-1a

Me 262 B-1a

Me 262 V3

Me 262 B-2a

Me 262 A-1/U-1

Me 262 B-1a/U-1

Me 262 A-2a/U-1

Me 262 C-1a

Me 262 A-2a/U-2

Me 262 C-2b

25

Messerschmitt A.G. Augsburg — Me 262 – Aufklärer I — Ausfert.Nr. 1

Triebwerk	2 x Jumo 004 C	
Spannweite	12,65 m	
Länge	10,6 m	
Bauhöhe	2,8 m	
Flügelfläche	21,7 m²	
Fluggewicht G_{max}	6600 kg	o.Abz.f.Start u. Warml.
Fluggewicht G_{mittel}	5300 kg	nach ½ Flugstrecke
Landegewicht G_{Lande}	4520 kg	mit 20% Kraftstoff

	G_{max} -Abz.f.Steigen auf Höhen	G_{mittel}	
Höchstgeschwindigkeit in 0 km	848 km/h	850 km/h	ohne Mach
6 km	922 km/h	929 km/h	mit 100%
9 km	950 km/h	958 km/h	Schub
Steiggeschwindigkeit in 0 km	21,3 m/s	27,6 m/s	mit
6 km	11,9 m/s	15,3 m/s	100%
9 km	6,5 m/s	8,6 m/s	Schub
Steigzeit auf 6 km	6,3 Min.	4,9 Min.	mit 100%
9 km	12,4 Min.	9,3 Min.	Schub
Dienstgipfelhöhen	11,75 km	12,2 km	mit 100% Schub
Flugstrecken mit 100% Schub in 0 km	540 km		
6 km	1020 km		
9 km	1380 km		Einschl. Steig- und Gleitstrecken, jedoch mit den vorhergehend beschriebenen Abzügen
Grösste Flugstrecke in 0 km	680 km		
6 km	1230 km		
9 km	1540 km		
Flugzeit mit 100% Schub in 0 km	0,65 h		
6 km	1,30 h		
9 km	1,74 h		Einschl. Steig- und Gleitzeit
Flugzeit für grösste Flugstrecke 0 km	1,33 h		
6 km	1,98 h		
9 km	2,35 h		
Startrollstrecke mit G_{max}	500 m		m.Überschub und 2 x 1000 kg Borsigraket.
Landegeschwindigkeit mit G_{Lande}	170 km/h		23141

Augsburg, den 2.8.43

Typenblatt nach theoretisch ermittelten Eckdaten zum Me 262-Aufklärer I, Stand vom 2. August 1943.

Messerschmitt A.G. Augsburg — Me 262 – Schnellbomber I mit aussenhängender Bombe — Blatt Nr.5 Ausfertig.Nr. 1

Triebwerk	2 x Jumo 004 C	
Spannweite	12,65 m	
Länge	10,6 m	
Bauhöhe	2,8 m	
Flügelfläche	21,7 m²	
Fluggewicht G_{max}	8330 kg	
Fluggewicht G_{mittel} o.Bombe	5685 kg	nach ½ Flugstrecke
Landegewicht	4740 kg	mit 20% Kraftstoff

	G_{max} -Abz.f.Steigen auf Höhen	G_{mittel} o.B.	Ohne Mach!
Höchstgeschwindigkeit in 0 km	755 km/h	828 km/h	mit
6 km	785 km/h	906 km/h	100%
9 km	742 km/h	932 km/h	Schub
Steiggeschwindigkeit in 0 km	14,0 m/s	25,2 m/s	mit
6 km	6,0 m/s	13,5 m/s	100%
9 km	1,3 m/s	7,3 m/s	Schub
Steigzeit auf 6 km	10,5 Min.	5,2 Min.	m.100%
9 km	24,2 Min.	10,1 Min.	Schub
Dienstgipfelhöhen	9,45 km	12,1 km	m.100% Schub
Flugstrecken mit 100% Schub in 0 km	650 km		
6 km	1180 km		Bombenabwurf nach ½ Reichweite
9 km	1560 km		Einschl. Steig- und Gleitstrecken, jedoch mit den vorhergehend beschriebenen Abzügen
Grösste Flugstrecke in 0 km	790 km		
6 km	1360 km		
9 km	1660 km		
Flugzeit mit 100% Schub in 0 km	0,81 h		
6 km	1,60 h		
9 km	2,16 h		
Flugzeit für grösste Flugstrecke 0 km	1,70 h		Einschliesslich Steig- und Gleitzeit
6 km	2,45 h		
9 km	2,74 h		
Startrollstrecke m.G_{max}	820 m		m.Überschub u.4x1000 kg Borsigraketen
Landegeschwindigkeit m. G_{Lande}	173 km/h		23158

Nach theoretischen Kennziffern erarbeitetes Typenblatt zum Me 262-Schnellbomber I, Stand vom 29. Juli 1943.

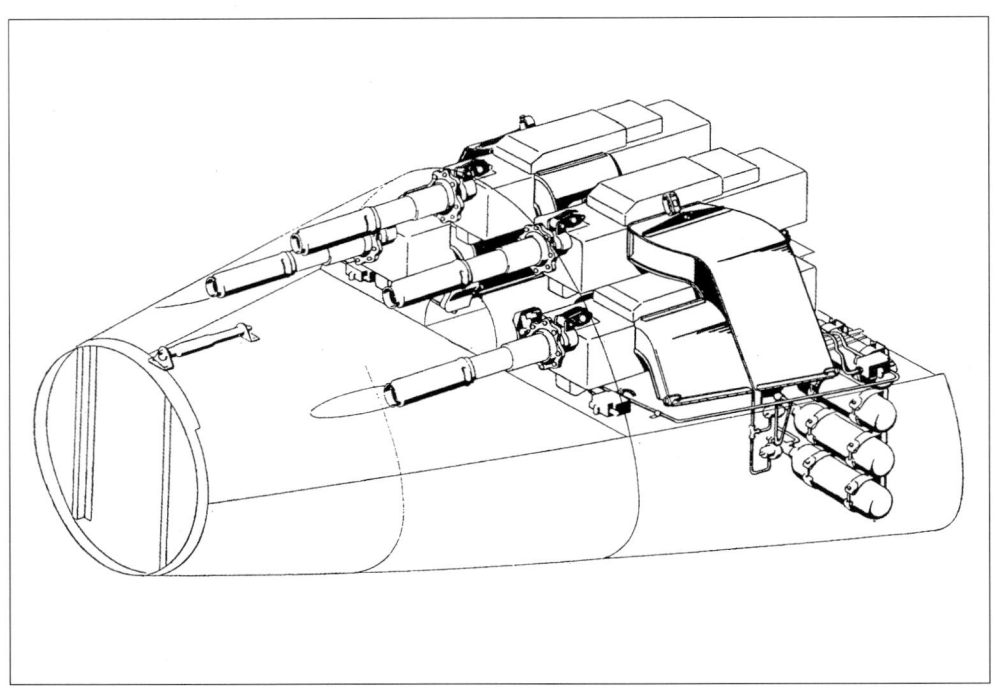

Als Waffenanlage besaß die Me 262 A-1a vier Bordkanonen von Rheinmetall-Borsig in der Konfiguration: 2 x MK 108 je 100 Schuss und 2 x MK 108 je 80 Schuss.

Mit einer zusätzlichen 50-mm-Kanone vom Typ MK 214 ausgerüstet, sollte diese Me 262-Variante insbesondere die so genannten »Fliegenden Festungen« der Alliierten ins Visier nehmen.

Besonderes Augenmerk wurde auf die aerodynamische Anpassung der Kanone im Stirnbereich des Me 262-Rumpfes gelegt.

Das Cockpit einer Me 262.

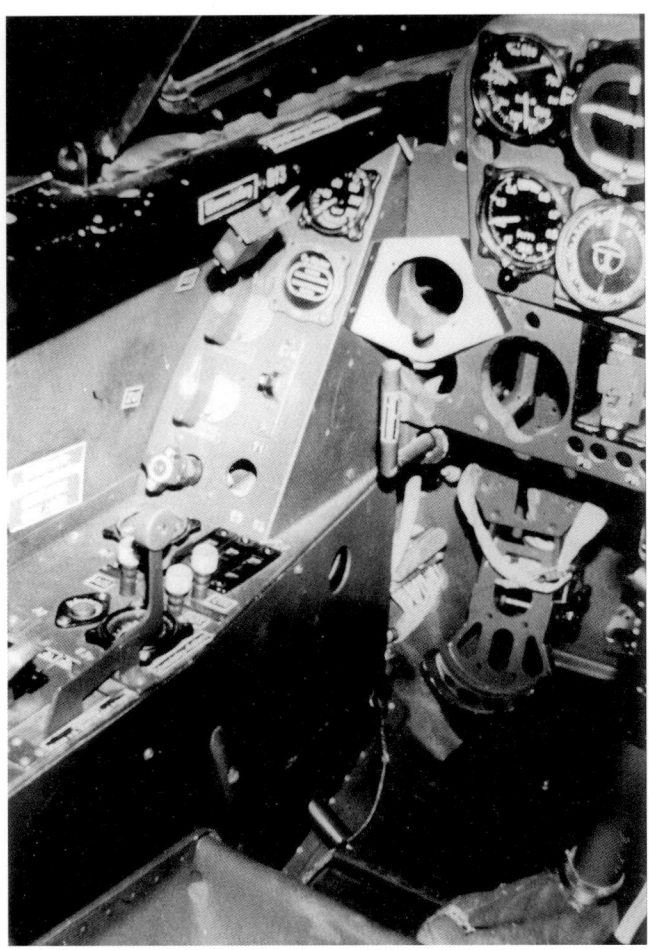

Oben und rechts:
Anordnung auf der linken Führerraumseite von links: Handrad für Seitenrudertrimmung, Leistungshebel, Druckknöpfe für das Anlasshilfsgerät, Schalthebel für Ventilbatterie, Höhenflossen-Verstellhebel, Höhenflossen-Stellungsanzeiger, Netzausschalter, Landeklappenschalter, Fahrwerkschalter, Schauzeichen für die Fahrwerke: links, Bugrad und rechts; Sauerstoffventil, Anschluss für Atemschlauch, Notbetätigung der Landeklappen, Schaltkasten für Starthilfe, Notbetätigung für Fahrwerk, Schalter für Düsenverstellung, Druckmesser für Sauerstoff; danach folgt die Instrumentierung des Hauptarmaturenbrettes. Am Pilotensitz, Mitte unten, ist ein Seilzug zu erkennen, er diente zum Abwurf der zusätzlichen Schubgeräte.

Vorn rechts, seitlich unten an der Bordwand waren die Sicherungen, der Sprengschalter für das FuG 25a, die Halterung für die Bordtasche und der Bombennotzug angebracht.

◁ Im Hauptarmaturenbrett waren eingebaut von links: Fein- und Grobhöhenmesser, darüber der Fahrtmesser (verdeckt), Wendehorizont, Führertochterkompass, darunter der Schalt-, Zähl- und Kontrollkasten, darüber das Variometer und Anzeigegerät AFN 2, oben rechts vor der Panzerglasscheibe das Reflexvisier für Reviträger, darunter die Drehzahlanzeiger, Gasdruckanzeiger, Gastemperaturanzeiger, Einspritzdruckanzeiger, Schmierstoffdruckanzeiger, Schmierstoffdruckanzeiger, Kraftstoffvorratsanzeiger und die Reststandsmerkleuchten. Am Steuerknüppel, rechts vorn im Bild, befindet sich der Durchladeknopf für die Bordkanonen. Dahinter, an der rechten Seitenwand, befanden sich das Abschussgerät für Signalmunition und der Hebel für den Kabinenabwurf.

Im Gegensatz zu den technischen Neuheiten der Maschine sah der
Me 262-Pilotensitz sehr spartanisch aus.

Schematische Darstellung einer zusätzlichen Starthilfe der Me 262
mit zwei Feststoff-Raketen à 500 kp vom Typ Rheinmetall-Borsig
R 109-502.
▽

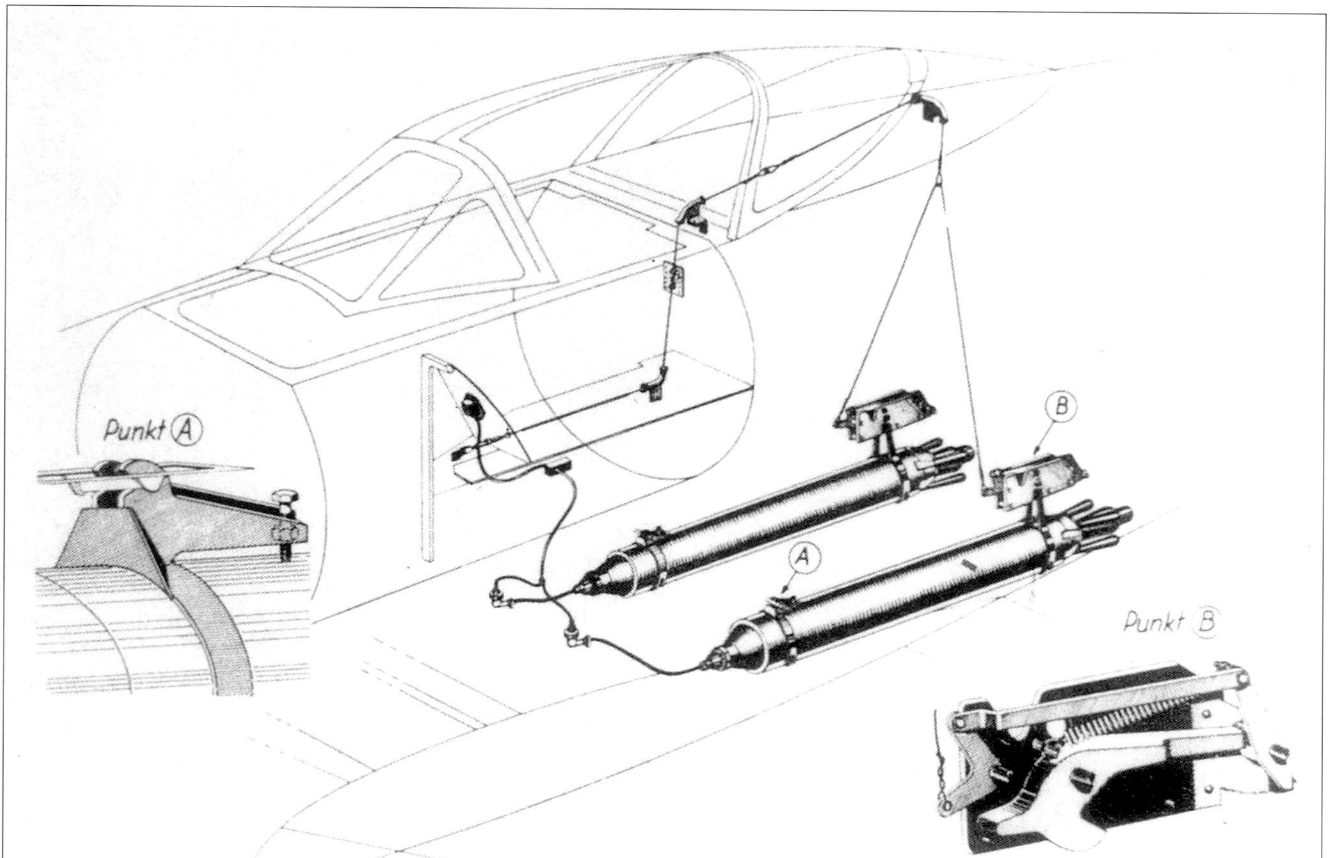

Bezeichnung	Werk-Nr.:	Militär-Kennzeichen	Erstflug	Charakteristische Hinweise
Me 262 V 1	262 000 01	PC+UA	18.04.1941	Erstflug durch Fritz Wendel mit 1x Jumo 210 G-Motor; 25.03.1942 Erstflug durch Wendel mit 2 x BMW P 3302, Triebwerke setzen aus, Notlandung mit Jumo 210 G; 29.07.1943 Erstflug durch Wendel mit 2x Jumo 004 B-0-Triebwerke; 07.06.1944 Maschine geht nach 95 Versuchsflügen zu Bruch
Me 262 V 2	262 000 02	PC+UB	01.10.1942	Erstflug durch Wendel mit 2 x Jumo 004 B-0-Triebwerke ; Maschine wird am gleichen Tag von Heinrich Beauvais nachgeflogen; 18.04.1943 tödlicher Absturz von Wilhelm Ostertag während eines Leistungsfluges wegen Triebwerksausfall
Me 262 V 3	262 000 03	PC+UC	18.07.1942	2 x Jumo 004 A-0-Triebwerke; erreicht am 03.10.1943 mit Gerd Lindner eine Geschwindigkeit von 960 km/h; Maschine wird am 12.09.1944 durch Alliiertenangriff am Boden zerstört
Me 262 V 4	262 000 04	PC+UD	15.05.1943	2 x Jumo 004 A-0-Triebwerke; geht beim Start zum 51. Testflug am 25.07.1943 zu Bruch
Me 262 V 5	262 000 05	PC+UE	Juni 1943	»Der Schwarze Peter«; am 25.07.1941 in Auftrag gegeben, zwei Jahre Bauzeit; am 06.06.1943 flugbereit; mehrfacher Ausfall durch Bugradbrüche
Me 262 V 6	130 001	VI+AA	17.10.1943	2x Jumo 004 B-1-Triebwerke, erste Maschine mit hydraulisch einziehbaren Bugrad-Fahrwerk; Maschine geht am 09.03.1944 zu Bruch
Me 262 V 7	130 007	VI+AB	20.12.1943	ab April 1944 verbesserte Vollsicht durch neuartige Haubenverkleidung; Vorkehrungen für den Einbau einer Druckkabine; Absturz am 19.05.1944 nach dem 31. Testflug
Me 262 V 8	130 003	VI+AC	18.03.1944	Erprobungsmuster für die Bewaffnung im Bug mit 4x MK 108/30
Me 262 V 9	130 004	VI+AD	19.01.1944	Erprobung mit geänderten Höhenleitwerk mit Pfeilung und größeren Seitenleitwerk
Me 262 V 10	130 005	VI+AE	15.04.1944	Testmaschine mit Panzerschutz für die Piloten; Erprobung mit Bombenabwurf verschiedener Kaliber bis 1.000-kg-Flügelbombe; Versuche mit Bomben im Schlepp; Startversuche mit zusätzlichen Hilfsraketen

Versuchsmuster aus der Serienfertigung der Messerschmitt Me 262

Bezeichnung	Werk-Nr.:	Militär-Kennzeichen	Erstflug	Charakteristische Hinweise
Me 262 S 1	130 006	VI+AF	19.04.1944	diente zur Waffenerprobung mit der MK 108
Me 262 S 2	130 007	VI+AG	28.03.1944	Erprobungsträger für Hochgeschwindigkeitsversuche; am 25.06.44 erreichte Herlitizius mit der Maschine 1.004 km/h; Umbau zum schnellen Aufklärer; am 19.07.44 durch Alliiertenangriff am Boden zerstört
Me 262 S 3	130 008	VI+AH	01.04.1944	Erprobungsträger zur Verbesserung der Fahrwerkseigenschaften
Me 262 S 4	130 009	VI+AI	05.04.1944	Flugversuche mit Flettnerausgleich am Höhenruder; am 19.07.44 durch Alliiertenangriff am Boden zerstört
Me 262 S 5	130 010	VI+AJ	02.04.1944	Erprobungsträger als zweisitziges Schulflugzeug

Mit einem zusätzlichen Walter-Raketentriebwerk ausgerüstet, erfolgten mit der Me 262 C-3 »Heimatschützer IV« im März 1945 mehrere Standläufe. Am 26. März 1945 fand in Lechfeld ein Testflug in der Kombination 2 x BMW 003 R-Triebwerk mit 1 x Walter-Triebwerk R II 211 statt.

Während der Testphasen verfärbten sich durch die extrem hohen Temperaturen regelmäßig die Farbanstriche und es kam zu Verwerfungen der Stahlblechverkleidungen am Triebwerk.

Neu und innovativ – Flugtechnische Angaben zur Me 262

Trotz zahlreicher Verluste durch Kriegseinwirkungen, der Vernichtung von Unterlagen aufgrund von Weisungen und in der Nachkriegszeit durch Beschlagnahme und Beutegut der Alliierten existieren über die Messerschmitt Me 262 noch umfangreiche Archivalien. Diese lagern allerdings in mehreren Archiven, Museen, Sammlungen und wissenschaftlichen Bibliotheken der Bundesrepublik, in Russland und in den USA, so dass sich die Recherchen aufwendig und zeitintensiv gestaltet. Eine gründliche Gesamtauswertung wäre eine lohnende Aufgabe. Eine gute Quellenlage sichert ein umfassendes Ergebnis und ermöglicht hinsichtlich der Beurteilung und Wertung ein differenziertes Herangehen.

Daher ist die Wiedergabe der vorliegenden »Bedienungsvorschrift-Fl Me 262 A-1«, im August 1944 als »Geheime Kommandosache!« eingestuft, vorrangig unter dem Aspekt der Information zu betrachten. Zugleich wird dem interessierten Modellbauer anhand der technischen Betriebsdaten, der Logistik für Flug bzw. Wartung, der Bewaffnung und Bordausrüstung ein anschauliches Bild vom Aufwand, dem Können und Wissen der Piloten und des flugtechnischen Bodenpersonals vermittelt. Anhand der in Klammern beigefügten zusätzlichen Erläuterungen, die in ihrer inhaltlichen Aussage eher an einen technischen Versuch erinnern als an eine Bedienungsvorschrift, kann man den hohen und vor allem risikoreichen Einsatz zum »Experiment Me 262« erkennen. Auch die noch offenen und fehlenden betriebstechnischen Daten zum Triebwerk, die erst in einer späteren Betriebsanleitung vervollständigt werden sollten, aber für den technischen Flugwart und besonders für den Piloten sicherheitsrelevant sein konnten, verdeutlichen die schwierige Situation in der sich die deutsche Luftwaffe bereits 1944 befand. Daher gestaltete sich jeder Flug für den Piloten einer Messerschmitt Me 262 zu einem Wagnis, das mit fliegerischen Können und Mut zum Risiko eingegangen wurde.

I. Kurzbeschreibung des Flugzeugmusters

A. Allgemeines

Flugzeuge der Baureihe Me 262 A-1 finden als Jäger und Flugzeuge der Baureihe Me 262 A-2 finden als Schnellkämpfer Verwendung.

Konstruktion:
– Ganzmetall-Schalenbauweise;
– Freitragender Tiefdecker;
– Zwei Triebwerke;
– Freitragendes, zentrales Seitenleitwerk;
– Einziehbares Bugrad-Fahrwerk.

B. Wesentliche Baumerkmale

1. Rumpf
   Rumpf besteht aus Rumpfspitze, Rumpfmittelteil mit Führerraum und Leitwerksträger.
   Geschlossener Führerraum, Windschutzaufbau vollständig verglast, Mittel- und Rückteil abwerfbar. Druckkammer ist vorgesehen.

2. Tragwerk
   Einholmige Ausführung. Durchgehendes Tragwerk, Teile von unten an den Rumpf gesetzt und in vier Anschlusspunkten und durch 42 Acht-Millimeter-Passbolzen befestigt.
   Vorflügel über Tragflächennase, Landeklappen zwischen Querruder und Flügelwurzel.

3. Leitwerk
   Höhen- und Seitenruder gewichts- und durch Flettner luftkraftausgeglichen; Querruder sind mit Nasenausgleichen versehen (Querruderflettner sind festgelegt). Höhenflosse eltverstellbar. Seitenruder vom Führerraum aus durch Hilfsruderverstellung trimmbar.

4. Fahrwerk
   Zwei nach innen einziehbare Einbeinfahrgestelle und einziehbares Bugrad. Alle drei Räder bremsbar (Bugrad durch Handbremse). Im eingezogenen Zustand sind sämtliche Fahrwerksteile durch Klappen abgedeckt.

5. Steuerwerk
   Steuerknüppel mit Griff KG 13b. Verstellung der Landeklappen von 0 bis 55° durch Drucköl.

6. Triebwerk und Triebwerkanlage
   Turbo-Luftdurchsatzgeräte. Zwei Junkers Triebwerke »Jumo 004 B-1« beiderseitig vom Rumpf unter der Tragfläche in je drei Punkten aufgehängt. Je ein Kraftstoff-Hauptbehälter (geschützt) vor und hinter dem Führerraum, ein Zusatzbehälter (geschützt) hinter dem hinteren Hauptbehälter und ein Zusatzbehälter (ungeschützt) vorne unten. Anlasskraftstoffbehälter (für Riedelanlasser), Zündkraftstoffbehälter (zum Zünden der Triebwerke) und Schmierstoffbehälter an den Triebwerken. »Riedel«-Benzin-Anlasser. Starthilfe durch zwei »R I 502«-Schubraketen.

7.1 Druckölanlage
   Druckölpumpe (18 Ltr./min) am linken Triebwerk. Druckölbehälter zwischen Führerraum und linker Rumpfseitenwand. Durch Drucköl werden betätigt:
   – Fahrwerk mit Restabdeckung und Bugrad;
   – Landeklappen.

8. Heizung
   Warmluftanlage für Kabinen- und Waffenheizung vorgesehen.

9. Bordausrüstung
   Besteht aus den üblichen Navigations- und Flugüberwachungsgeräten; Elt-Wendehorizont, Fernkompassanlage und den Triebwerksonderüberwachungsgeräten. Die Höhenatmeranlage besteht aus Höhenatmergerät in linker Gerätebank. Zwei Sauerstoff-Vorratsflaschen im Rumpfende.

10. Elektrische Anlage
    Am linken und rechten Triebwerk je ein Stromerzeuger von 3.000 Watt bei 24 Volt Netzspannung. Ein Sammler von 20 Ampere-Stunden (hinter Führersitz). Elektrisch werden betätigt:
    – Anlassgeräte für Triebwerke;
    – Kraftstoffbehälterpumpen;
    – Flossenverstellung;
    – Flugüberwachung;
    – Anzeigevorrichtungen;
    – Starthilfe;
    – Signalmunition;

Laut Vorschrift sollten sämtliche Me 262-Maschinen durch ein Tarnnetz gegen Feindeinsicht geschützt werden.

Zum Klarmachen der Me 262 zum Abflug gehörte auch das Entfernen der Schutzkörbe vor dem Triebwerkseinlauf.

- Kennlichter;
- Funkanlage;
- Waffenanlage.

11. Funkanlage
1x FuG 16 ZY und 1x FuG 25 a.

12. Waffenanlage
   a) *Schusswaffen*
   Me 262 A-1 = 4x MK 108;
   Me 262 A-2 = 2x MK 108.
   b) *Abwurfwaffe*
   Me 262 A-1 = keine;
   Me 262 A-2 = 2x Mtt-Schlossträger mit Schloss 503 A-1 unter Rumpf für Beladung mit: 2x 250 kg oder 1x 500 kg.

C. Ausmaße, Gewichte, Ladeplan

Spannweite: 12,65 m
Länge: 10,6 m
Höhe: 2,8 m
Tragfläche: 21,7 m²
Radstand: 2,55 m
Gewichte, siehe unter Fluggenehmigung.

D. Verwendungs- und Beanspruchungsgruppe

Bei der Me 262 A-1: H 5.
Bei der Me 262 A-2: H 4 (kann auch mit Überlast in Gruppe H 4 geflogen werden).

E. Lieferumfang

Der Lieferumfang ist in der L-Akte festgelegt und aus dieser zu entnehmen.

F. Betriebsdaten

Siehe auch Betriebsdatentafel

1. *Höchstzulässige Geschwindigkeiten*
Bei Flug mit ausgefahrenen
Landeklappen   300 km/h.
Bei Flug mit ausgefahrenem Fahrwerk   350 km/h.
Im Waagerechtflug bis 8 km Höhe   950 km/h.
Im Waagerechtflug über 8 km Höhe   900 km/h.
Im Sturzflug   1.000 km/h.

2. *Betriebsstoffe*
Kraftstoff für Triebwerk: J 2. Wenn J 2 nicht vorhanden ist, dann kann B 4 mit 5 % Schmierstoffzusatz verwendet werden.
Zündkraftstoff zum Zünden des Triebwerkes:
B 4 + 3 % Schmierstoff.
»Riedel«-Kraftstoff: A 3 + 5 % Schmierstoff.
Schmierstoff für Triebwerk: »Aero-Shell« mittel oder »Intova Rotring« mit »Fl-Druck-Öl« im Verhältnis 1 : 1 Gemischt.

3. *Behälterinhalte*
   a) Kraftstoff: 2 x 900 Ltr. (vor und hinter dem Führerraum)
                     1 x 600 Ltr. (im Rumpf hinten)
                     1 x 170 Ltr. (unter dem Führerraum vorn)
   b) Schmierstoff: 2 x 12 Ltr.   (am Triebwerk)
   c) Zündkraftstoff: 2 x 17 Ltr. (am Triebwerk); ausreichend für etwa je vier Anlassvorgänge
   d) »Riedel«-Kraftstoff: 2 x 3 Ltr. (am Triebwerk)

4. *Leistungen und Verbräuche (bei Vollschub)*
Die Leerlaufdrehzahl (am Boden) beträgt 3.000 U/min. (Weitere Daten liegen noch nicht vor, sind empirisch durch den praktischen Einsatz zu ermitteln und in nachstehender Tabelle zu erfassen.)

Flughöhe km	Drehzahl U/min	Differenzdruck ata	Gastemperatur ° C	Einspritzdruck kg/cm²	Kraftstoffverbrauch Ltr./h

5. *Betriebsdaten beim Abbremsen mit Vollschub (bei Jumo 004 B-1)*
Drehzahl …..:   mindestens 8.700 U/min, höchstens 8.900 U/min.
Gastemperatur: mindestens 640° C bei – 10° C Ansauglufttemperatur. Die Gastemperatur steigt entsprechend (linear) der Ansauglufttemperatur.
Differenzdruck: mindestens   0,55 ata höchstens   0,65 ata.
Einfluss der Außenlufttemperatur und des Luftdruckes auf den Differenzdruck:
- Zunehmende Lufttemperatur bewirkt Absinken des Differenzdruckes;
- Abnehmender Luftdruck bewirkt Absinken des Differenzdruckes.

Einspritzdruck: mindestens   45 kg/cm², höchstens   60 kg/cm².
Schmierstoffdruck: mindestens   1 kg/cm², höchstens   4 kg/cm².
Abbremsen bei höchstens 4 kg/cm Schmierstoffdruck.

6. *Reichweiten*
Siehe Flugstreckentabelle.

7. *Betriebsdaten im Flug*
Siehe Leistungen und Verbräuche.

II. Klarmachen zum Flug

A. Vom Flugzeugmechaniker (1. Wart) verantwortlich zu leitende Arbeiten

1. Kraftstoffbehälter mit Kraftstoff J 2 randvoll auftanken.
   Einfüllstutzen:
   - für vorderen Hauptbehälter Rumpf oben vor Kabine;
   - für hinteren Hauptbehälter Rumpf oben hinter Kabine;
   - für hinteren Zusatzbehälter Rumpf oben hinten;
   - für vorderen unteren Zusatzbehälter linke Rumpfseite über erstem Flügeldrittel.

   Im Notfall, wenn Kraftstoff J 2 nicht vorhanden ist, kann B 4 mit 5% Schmierstoffzusatz verwendet werden.

   Mischen: Zur besseren Vermischung ist nur eine kleinere Menge zu vermischen.
   Sind z.B. in einem Hauptbehälter noch 200 Ltr. Kraftstoff, so fehlen also noch 700
   Ltr. Gemisch, wovon 5% = 35 Ltr. Schmierstoff sind. Diese 35 Ltr. Schmierstoff sind in einem besonderen Fass mit 100 Ltr. Kraftstoff B 4 zu mischen. Hiernach ist ein Teil des aufzutankenden Kraftstoffes B 4 z.B. 200 Ltr. in den Kraftstoffbehälter zu füllen. Danach ist das Gemisch gut durchgerührt aufzufüllen und dann der Kraftstoffrest B 4 aufzutanken.

Betanken der Maschine.

Während des Betankens werden die Öl- bzw. Fettstände am Triebwerk überprüft.

Ölkanne, Fettpresse, Werkzeugkasten und das Fahrrad waren die wichtigsten Utensilien des Flugzeugmechanikers. ▷

2. Schmierstoffbehälter höchstens bis zur Unterkante Sieb auftanken. Schmierstoff im Verhältnis 1:1 mit »Fl-Drucköl« gemischt. (Einfüllstutzen im Stirnring am Triebwerk.)

3. Zündkraftstoffbehälter mit B 4 + 3% Schmierstoff randvoll auffüllen (Einfüllstutzen im Stirnring am Triebwerk.)

4. Anlass-Kraftstoffbehälter mit A 3 + 5% Schmierstoff (Zweitaktgemisch 1:20) randvoll auffüllen (Einfüllstutzen im Stirnring am Triebwerk.)

5. Drucköllbehälter bis Peilmarke mit »Fl-Drucköl« füllen (Füllöffnung unter Handlochdeckel in linker Rumpfseite vorn.)

6. Pressluft für Notbetätigung auf 150 atü auffüllen (Füllanschluss in linker Radnische). Notbetätigungsventile mit Plombendraht sichern.

7. Luftdruck in den Laufrädern (Rad 840x300) auf 4,5 atü und im Bugrad auf 5 atü bringen. Wenn Rutsch (rote Marke beachten!) vorhanden, Rad wechseln oder Bereifung neu montieren.

8. Federbeindruck auf 20 atü und Druck im Bugradfederbein auf 10 atü bringen (ausgefedert).

9. Sammler bei eingeschalteten Verbrauchern auf Spannung prüfen; bei Spannung unter 24 Volt Sammler wechseln.

10. Sauerstoff für Höhenatmungsanlage auf 150 kg/cmÇ auffüllen (Außenbordanschluss im Rumpfhinterteil rechts).

11. Kraftstoffleitungen sowie die Anschlüsse auf Dichtheit prüfen; undichte Anschlüsse nachziehen.

12. Drucköllleitungen und Anschlüsse auf Dichtheit prüfen; undichte Anschlüsse nachziehen.

13. Leit- und Steuerwerk auf Beschädigungen untersuchen.

14. Seiten-, Höhen- und Querruder auf Gängigkeit prüfen. Alle Ruderlager müssen gesichert sein.

15. Elt-Flossenverstellanlage auf Funktion prüfen.

16. Elt-Kraftstoffbehälterpumpen auf Funktion prüfen.

17. Sitz und Gurtzeug einstellen.

18. Fremdkörperkontrolle durchführen.

19. Sämtliche Deckel, Klappen und Schnellverschlüsse an Zelle und Triebwerk fest verschließen.

20. Kolbenstangen für Fahrwerksbetätigung von angeschleudertem Schmutz säubern (damit kein Fressen der Kolbenstange eintritt) und mit »Flugzeugfettblau« einfetten.

21. Das Flugzeug, besonders die Tragflächen, müssen frei von Schmutz sein (Geschwindigkeitsverlust durch raue Oberfläche).

22. Ladeplan beachten!

B. Anlassen

1. Startfeuerlöscher bereitstellen, Bremsklötze vor Laufräder legen. Schutzkörbe vor Einlauföffnungen setzen.
   Achtung! Vor Bugrad **keine** Bremsklötze legen.

2. Außenbordstromquelle anschließen (Außenbordsteckdose an rechter Rumpfseite). Selbstschalter für Generator links und rechts, anlasszündung, Messgeräte, Flossenverstellung und FT eindrücken.

3. Behälterschalthebel auf »vorderen« bzw. »hinteren« Behälter.

4. Besonders darauf achten, dass der Fahrwerksdruckknopfschalter »Ein« herausgezogen ist (grünes Schauzeichen muss sichtbar sein).

5. Leistungshebel in Stoppstellung.

6. **»Riedel«-Anlasser anwerfen** (elektrisch):
   1 bis 6 Sekunden »Tupfen« (Anlassschaltergriff ziehen).
   Anwerfen des Zweitakters (Anlassschalter drücken). Die Anwerfklaue des »Riedel«-Anlassers schiebt sich selbsttätig in die Gegenklaue des Triebwerkes.
   »Riedel«-Anlasser anwerfen (von Hand):
   Bei Versagen des Starters ist der »Riedel«-Anlasser durch einen Handaufzug in Betrieb zu setzen.
   1 bis 6 Sekunden »Tupfen« und gleichzeitig Seilzug der Handstartvorrichtung ziehen.
   Anmerkung: Damit der Starter des Anlassers nicht mit eingeschaltet wird, ist der Generatorschalter auszuschalten.
   Achtung! Nach dem Anwerfen nicht vor die Einlauföffnung stellen (mindestens 1 Meter Abstand).

7. Wenn »Riedel«-Motor einwandfrei läuft (bei etwa 500 bis 1.000 U/min) Anlasskraftstoffpumpe und Zündung durch **dauerndes** Drücken des Druckknopfes am Leistungshebel einschalten. (Druckknopf zum Umschalten des Drehzahlanzeigers auf kleinen Messbereich auf rechter Gerätebank.)
   Wenn aus der Schubdüse lange Flammen heraustreten (Verbrennung von Kraftstoff, der sich im Stand in der Düse angesammelt hat), ist zur Vermeidung zu hoher Temperatur in der Düse der Knopf am Leistungshebel so lange freizugeben, bis die Flammen verschwunden sind.
   Achtung! Bei dieser Maßnahme »Riedel«-Anlasser weiterlaufen lassen.

8. Nach Einsetzen der Verbrennung (wahrnehmbar durch ein dumpf bullerndes Geräusch) Leitungshebel langsam von Stoppstellung nach vorn auf Leerlaufstellung schieben. Bei Erreichen von etwa 2.000 U/min Anlassschaltergriff für »Riedel«-Anlasser loslassen (Anlasser wird dadurch stillgesetzt, die Anwerfklaue rückt selbsttätig aus). Drehzahlanzeige auf großen Messbereich umschalten.

9. Zündung und Anlasskraftstoffpumpe durch Freigeben des Druckknopfes am Leistungshebel ausschalten. Drehzahl steigt auf 3.000 U/min.

10. Nach Angehen beider Triebwerke Außenbordstromquelle abschließen und Bordnetz einschalten.

C. Während des Warmlaufens durchzuführende Prüfungen

1. Kraftstoffbehälter-Schaltung in den Stellungen »vorderer Behälter« und »hinterer Behälter« auf Funktion prüfen.

2. Drucköllanlage durch Ein- und Ausfahren der Landeklappen prüfen. (Nicht versehentlich Fahrwerksschalter betätigen!)

3. Elt-Anlage: Sammler durch Drücken des Netzausschalters (linke Gerätebank) vom Bordnetz abschalten. Zur Prüfung jedes einzelnen Stromerzeugers Selbstschalter für »Generator links« bzw. »Generator rechts« ausschalten. Elt-Geräte einschalten, von etwa 4.500 U/min an muss der Stromerzeuger Strom liefern. Nach Prüfung Geräte ausschalten und Selbstschalter für Generator und Bordnetz wieder einschalten.

D. Abbremsen

Leistungshebel bei einem Schmierstoffdruck nicht über 4 kg/cm langsam auf Vollschub drücken. Die Gastemperatur darf dabei die zulässigen Werte nicht überschreiten. Schnelles Gasgeben führt zu Verbrennungen am Turbinenrad.

Aufgrund der angespannten Kraftstoffsituation am Ende des Krieges durften die Rollbewegungen der Me 262 nur noch per Spezialfahrzeug durchgeführt werden.

Start zum Testflug.

E. Abstellen der Triebwerke

Elt-Kraftstoffbehälterpumpen ausschalten. Brandhahn zu. Leistungshebel in Leerlaufstellung. Anlasskraftstoffpumpe und Zündung durch Drücken des Druckknopfes am Leistungshebel einschalten, dabei gleichzeitig Leistungshebel in Stoppstellung. Nach Sinken der Drehzahl unter 2.500 U/min Druckknopf freigeben.

Anmerkung: Durch die Einschaltung der Zündung und der Anlasskraftstoffpumpe werden Düsen und Leitungen von »J2«-Rückständen freigespült; Verkoken der Einspritzdüsen wird dadurch vermieden.

Bordnetz ausschalten (Netzausschalter drücken).

F. Einhängen der Starthilfe

Vor Einhängen der Schubgeräte sind die Spannbänder und Halterungen auf einwandfreien Zustand zu prüfen; besonders Schweißnähte auf Risse untersuchen.

Schubgerät zuerst mit der vorderen Halterung in die vordere Lagerung einhängen, dabei Gerät hinten etwas herunterlassen. Hiernach Schubgerät hinten langsam hochheben und mit der hinteren Halterung in das Schloss einführen, wobei Klinkenhebel am vorderen Zapfen hochdrücken oder Abwurfzug betätigen. Am Schloss einwandfreie Verriegelung prüfen. Durch Anziehen der Stellschraube an der vorderen Halterung Schubgerät festlegen.

Achtung! Abreißsteckdose am Anschlusskabel erst unmittelbar vor Abflug einkoppeln.

Füllen und Elt-Prüfung der Schubgeräte nach besonderer Anweisung.

III. Flug

A. Vorbereitung zum Flug

1. Höhenatmer prüfen: Bedienventil (an linker Gerätebank) durch zwei volle Umdrehungen öffnen, Maske in Atemschlauch einkuppeln und anlegen.
   Druckknopf drücken, O-Wächter muss Lippen öffnen. Bedienventil wieder schließen.
2. Höhenflosse auf 0° stellen (Verstellschalter und Stellungsanzeiger auf linker Gerätebank).
3. Freigängigkeit sämtlicher Ruder prüfen.
4. Seitenrudertrimmung auf Mittelstellung.
5. Bei großer Luftfeuchtigkeit und Temperaturen unter 0° C Staurohrheizung einschalten.
6. Triebwerke anlassen (siehe II. B.).
   Achtung! Bei laufendem Triebwerk nicht in Nähe der Einlauföffnung kommen (mindestens 1 Meter Abstand).
7. Kabine verriegeln.

B. Rollen

Kurvenrollen durch entsprechendes Bremsen; nicht durch Gasgeben (Überhitzungsgefahr)!
Griffigkeit der Bremsen kurz prüfen. Bremsen wegen Erwärmung (Wandern der Laufraddecken) nicht zu lange belasten.

C. Abflug

1. Abreißsteckdose am Anschlusskabel zellenseitig einkuppeln.
   Achtung! Nach Anschließen nicht hinter Raketen stellen. Nach vorn seitlich weggehen.
   Schutzkörbe von den Einlauföffnungen abnehmen.
2. Landeklappen in Startstellung (20°) fahren: Landeklappendruckknopfschalter so lange drücken, bis die gewünschte Anstellung erreicht ist (Anzeige auf linker Landeklappe).
3. Bremsklötze wegnehmen. Bremsen voll austreten. Beide Triebwerke gleichmäßig und langsam bis Vollschub beschleunigen. Abbremswerte überprüfen. Selbstschalter für Starthilfe einschalten. Bremsen lösen.
   Anmerkung: Bei steilen Bremsfußhebeln (mit Holzkeilen versehen) auf richtige Fußhaltung achten, damit nicht versehentlich gebremst wird.
4. Zur Erzielung einer möglichst geringen Rollstrecke sind die Raketen bei 160 bis 175 km/h (je nach Fluggewicht) zu zünden. Sind Hindernisse zu überwinden, d.h. soll nach dem Abheben möglichst schnell eine Sicherheitshöhe erreicht werden, dann sind in diesem Fall die Raketen bei etwa 10 km/h höhere Geschwindigkeit zu zünden.
   Auslöseschalter auf linker Gerätebank bei Erreichen der jeweiligen Sollgeschwindigkeit einschalten. Nach Abblasen die Raketen möglichst über freiem Feld abwerfen (Seilzug für Abwurf an linker Gerätebank). Abwurf nicht über 300 km/h.
   Anmerkung: Abgeworfene Raketenkörper, die unbeschädigt sind, können wieder verwendet werden. Düsen und Überdruckventil sind gegen neue auszuwechseln.
5. Nach dem Start Fahrwerk einziehen: Knopf auf linker Gerätebank entsichern und drücken. Anzeige für Fahrwerk und Bugrad beachten (rote Schauzeichen müssen sichtbar sein).
6. Landeklappen einfahren (Flugzeug fällt durch).
7. Lastigkeitsänderung durch Höhenflossentrimmung ausgleichen.
   Achtung! Fahrwerks- und Landeklappenschalter nicht gleichzeitig betätigen.
   Jeweiligen Einfahrvorgang erst bis zur Endstellung abwarten. Fahrwerk fährt langsam ein.

D. Steigflug

Beste Steiggeschwindigkeiten:

Flughöhe km	0	2	4	6	8	10	12
Steiggeschwindigkeit km/h	475	500	525	550	600	650	700

Drehmoment um die Hochachse durch Seitenrudertrimmung ausgleichen.

E. Reiseflug

1. **Kraftstoff-Vorratsmessung** durch Elt-Vorratsanzeiger im Gerätebrett.
2. **Kraftstoffentnahme:** Durch die Behälterschalthebel in linker Gerätebank kann jedes Triebwerk einzeln auf den vorderen oder hinteren Hauptbehälter geschaltet werden.
   Entleerung des vorderen Zusatzbehälters (170 Ltr.) in den hinteren Zusatzbehälter (600 Ltr.). Der hintere Zusatzbehälter wird in vorderen und hinteren Hauptbehälter entleert.
3. **Behälterschaltung:**
   a) Bei Abflug und während der ersten fünf Minuten Flugzeit aus vorderen und hinteren Hauptbehälter entnehmen. Danach
   b) beide Triebwerke auf hinteren Hauptbehälter schalten.
   c) Bei Kraftstoffanzeige von 600 Ltr. im hinteren Hauptbehälter Pumpen für Zusatzbehälter einschalten (Selbstschalter in Hauptschalttafel).

Jahreszeitbedingter Tarnanstrich der Me 262 für den Sommer (Abb. oben) und dem Winter (Abb. unten).

d) Wenn Vorratsanzeige für hinteren Hauptbehälter zurückgeht (nach etwa 20 Minuten Flugzeit), sind die Zusatzbehälter leer und die Pumpen auszuschalten. Hiernach wieder auf vorderen und hinteren Hauptbehälter umschalten. Möglichst auf gleichen Behälterinhalt achten.

Bei Ausfall eines Triebwerkes oder eines Behälters sind die Behälterschalthebel in die entsprechenden Stellungen zu schalten. Leistungshebel des ausgefallenen Triebwerks in Stoppstellung!

4. **Leistungsstufen** siehe Punkt I. F. 4. »Leistungen und Verbräuche«.

F. Sturzflug

1. Höhenflossentrimmung so einstellen, dass das Flugzeug durch Drücken im Sturzflug gehalten werden muss.
2. Leistungshebel in Leerlaufstellung. Drehzahl etwa 5.000 U/min.
3. Höchstzulässige Sturzfluggeschwindigkeit 1.000 km/h.

G. Landung

1. Leistungshebel bis Leerlauf zurücknehmen.
2. Fahrwerk ausfahren: Geschwindigkeit nicht über 350 km/h. Knopf auf linker Gerätebank drücken. Anzeige beachten (drei grüne Schauzeichen müssen sichtbar sein).
   Ist Wiedereinfahren erforderlich, dann ist das nur nach Erreichen der Ausfahrstellung zulässig, da sonst die nicht völlig geöffneten Restabdeckklappen das Einfahren behindern.
3. Bei Geschwindigkeit unter 300 km/h Landeklappen stufenweise voll ausfahren.
   Lastigkeitsänderungen durch Höhentrimmung ausgleichen.
   Achtung! Fahrwerks- und Landeklappenschalter nicht gleichzeitig betätigen.
   Jeweiligen Ausfahrvorgang erst bis zur Endstellung abwarten. Fahrwerk fährt langsam aus.
4. Anschweben mit etwa 250 bis 220 km/h. Flugzeug setzt bei etwa 200 bis 180 km/h auf.
5. Nach Ausrollen Landeklappen einfahren.
6. Stillsetzen der Triebwerke siehe Punkt II. E.

H. Verhalten in Sonderfällen

1. Durchstarten
Langsam Gas geben. Landeklappen bleiben voll ausgefahren. Landeklappen in sicherer Höhe stufenweise wieder einfahren und Flugzeug austrimmen. (300 km/h bei angestellten Landeklappen nicht überschreiten!) Erneut zur Landung ansetzen.
Achtung! Beim Ausfahren des Fahrwerks Ausfahrvorgang nicht unterbrechen. Erst wenn grüne Schauzeichen sichtbar, darf das Fahrwerk wieder eingefahren werden.

2. Ausfall der Drucköanlage
Bei Ausfall des linken Triebwerkes müssen Fahrwerk und Landeklappen per Pressluft ausgefahren werden. Ventil für Fahrwerk- bzw. für Landeklappen-Notbetätigung (linke Gerätebank vorn) öffnen, mindestens zwei Umdrehungen.

3. Notlandung
Je nach Flughöhe und Geländebeschaffenheit Bauchlandung durchführen oder Fahrwerk ausfahren. Fahr-

werk und Landeklappen erst unter 1.000 m Flughöhe ausfahren.
Fest anschnallen. Vor aufsetzen: Brandhähne »Zu«, Leistungshebel auf Leerlaufstellung und Bordnetz ausschalten.

4. Einmotorenflug und Einmotorenlandung
Drehmoment um die Hochachse durch Seitenruder ausgleichen. Fußkraft durch Hilfsruderverstellung herabsetzen. Flugzeug nicht hängen lassen. Kraftstoffbehälter entsprechend schalten, Leistungshebel des ausgefallenen Triebwerks in Stoppstellung.
Geschwindigkeit nicht unter 300 km/h kommen lassen. Kurven über laufendes oder stehendes Triebwerk wie Blindflugkurven nach Wendehorizont fliegen (Wendehorizontkugel unbedingt in der Mitte halten). Bei Landung den Platz so anfliegen, dass nicht durchgestartet werden muss. Bei Gasgeben oder -wegnehmen Drehmoment sofort wieder mit Seitenruder ausgleichen. Auch im Anschweben zur Landung Flugzeug nicht hängen lassen.

5. Fallschirm-Ausstieg
Fahrt nach Möglichkeit verringern. Soweit möglich, Bordnetz ausschalten, Brandhähne »zu« und Leistungshebel in Stoppstellung. Losschnallen. Kabinennotzughebel (rechts vorn) ziehen. Kabine wird vom Luftstrom und durch Federung fortgerissen. Wenn die Kabine nicht fortfliegt, Verriegelungsgriff (links an Kabine) öffnen. Aussteigen.

IV. Wartung

A. Wartung der Flugzeugzelle

1. Rumpf
a) Rumpfhaut auf Verformung und Risse untersuchen. Gegebenenfalls Flugzeug aus dem Flugbetrieb ziehen. Ursache feststellen.
b) Rumpfverschraubungen untersuchen, etaige lose Schrauben nachziehen.
c) Lockere Deckel und Klappen befestigen.
d) Plexiglas mit Plexi-Reinigungsmitteln gemäß zugehöriger Anweisung pflegen.
e) Nach je 25 Betriebstunden Punktschweißung an der Rumpfspitze (insbesonders im Bugradschacht und Waffenraum) prüfen. Gelöste Schweißungen sind unter Angabe der Flugzeit und Werk-nr. zu melden.
f) Nach je 50 Betriebsstunden Kabinenabwurf durch Ziehen des Kabinenabwurfhebels (rechts vorn) prüfen. Beim Abwerfen Rückteil festhalten.
   Nach Prüfung Kabine wieder ordnungsgemäß aufsetzen und Abwurfhebel wieder sichern. (Siehe auch Flugzeug-Handbuch Teil 1.)

2. Leit- und Tragwerk
a) Beplankung auf einwandfreien Zustand prüfen. Beschädigungen ausbessern
b) Lose Schrauben, Deckel und Klappen befestigen.
c) Landeklappen, Ruder, Höhenflosse und Hilfsruder auf Sitz, Spiel, Sicherungen und Risse untersuchen.
d) Nach Landeklappennotbetätigung Entlüften der Drucköanlage wie unter 3. Fahrwerk angegeben.

3. Fahrwerk
a) Fahrwerk an den Schmierstellen abschmieren.
b) Luftdrücke prüfen und nötigenfalls auf nachstehende Werte bringen:
   Federbeine: 20 atü (ausgefedert)
   Laufräder: 4,5 atü (bei Radgröße 840x300)

Bugradfederbein: 10 atü
Bugrad: 5 atü

c) Beschädigte Fahrwerksbereifungen auswechseln. Ist Rutsch vorhanden, Laufdecke neu aufziehen (rote Marke beachten!).

d) Bremsmoment der Bugradflatterbremse mit Gerät »Heila 900« prüfen; Bremsmoment muss 12 mkg betragen.

e) Bei leicht abgenutzten Bremsbelägen Bremsbacken nachstellen. Stark abgenutzte Bremsbeläge und solche mit Riefen, Öl- oder Fettspuren und Verbrennungen durch neue ersetzen.

f) Leitungen der Druckölanlage auf Dichtheit prüfen. Filter (Radnische) reinigen.

g) Entlüften der Druckölanlage:
  – Nach Betätigung einer Notauslösungs-Vorrichtung ist ein Standversuch durchzuführen (bei Fahrwerk Flugzeug aufbocken!);
  – Anlage mehrmals durch Drucköl aus- und einfahren; Schläuche des Druckölprüfgerätes am Prüfanschluss (linke Rumpfseite) anschließen;
  – Druckölbehälter bis Peilmarke mit »Fl-Drucköl« füllen.

h) Ölstandskontrolle an den Federbeinen ist dann durchzuführen, wenn an Kolbenstange, Ventil oder Schrauben ein stärkerer Ölverlust bemerkbar wird. Die Federbeine des Hauptfahrwerks müssen bis zur Prüfschraube und das Bugradfederbein muss bis zur Gewindeunterkante des Füllventils gefüllt sein.

i) Nach harten Landungen Anschlussauge für Bugradarbeitszylinderaufhängung auf ausgeschlagene oder gebrochene Gelenklager untersuchen.

4. Steuerwerk

a) Steuerwerk an den Schmierstellen abschmieren. Kugellager nur nach Teilüberholung neu fetten.

b) Steuerung durch Betätigen des Steuerknüppels und der Fußhebel auf Freigängigkeit und sinngemäßen Ausschlag; bei Klemmen Freigängigkeit herstellen.

B. Wartung der Triebwerksanlage

a) Triebwerkrohrleitungen und deren Anschlüsse auf Dichtheit prüfen. Schadhafte Dichtungen auswechseln, lose Verschraubungen nachziehen.

b) Triebwerkverkleidung auf Verformung und Risse untersuchen.

c) Einwandfreien Gang des Triebwerkgestänges durch Bewegen der Handhebel prüfen.

d) Triebwerkgestänge an den Schmierstellen abschmieren.

e) Betriebsstoffvorräte prüfen und nötigenfalls ergänzen. Auffüllen der Behälter siehe Abschnitt »II. Klarmachen zum Flug«.

f) Wartung der Triebwerke und Behebung von Triebwerkstörungen siehe Kurzbetriebsanweisung für das Junkers-Triebwerk »Jumo 004 B-1«.

C. Entleeren der Behälter

1. Entleeren der Kraftstoffbehälter
Die Kraftstoffbehälter sind über die Behälterköpfe leerzusaugen.

2. Entleeren der Schmierstoffbehälter
Ablassen bei noch warmen Triebwerk über die Ablassverschraubung im Stirnring.

3. Entleeren der Anlasskraftstoffbehälter
Ablassen über Ablassverschraubung im Stirnring.

D. Wartung der Ausrüstung und der elektrischen Anlage

a) Wird das Flugzeug länger als 7 Tage abgestellt, dann ist der Sammler auszubauen (Sammlerpflege gemäß Luftfahrt Dv. 277/1).

b) Bei Einbau des Samm,lers Kabelendpole und Anschlussstücke mit säurefreiem und säurebeständigem Fett leicht einfetten. Säurespuren an Sammler und Halterung entfernen.

c) Wasser aus Staurohr und Leitungen entfernen.

E. Allgemeine Arbeiten

1. Abschleppen des Flugzeuges
   a) Seil der Schleppvorrichtung (Nr. 8-262.992-020) um das Fahrwerk legen und an Zugstange befestigen.
   b) Vor Schleppen prüfen, ob Federbeine und Radreifen unter ausreichendem Druck stehen. Während des Schleppens hat ein Mann im Führersitz zur Betätigung der Radbremsen zu sitzen.
   c) Beim Anfahren erst Seile langsam spannen; scharfes Anziehen vermeiden. Beim Abstoppen vorsichtig verlangsamen, Wart muss im Flugzeug kräftig bremsen.
   d) Nicht an Vorflügeln ziehen, nicht an Querrudern, Höhen- und Seitenleitwerk und an den Kolbenstangen für Fahrwerkbetätigung schieben.
   e) Zum Abschleppen ohne Zugmaschine sind etwa 8 bis 10 Mann erforderlich.

2. Feststellen der Ruder Landeklappen einfahren und sämtliche Ruder in Null-Stellung mittels Feststellscheren festlegen. Feststellscheren mit farbigen Wimpeln versehen.

3. Abdecken
   Beim Abstellen des Flugzeuges: Triebwerke, Rumpfspitze und Kabine, Laufräder und Staurohr durch Bezüge abdecken; Staurohr mit farbigem Wimpel versehen.

4. Aufbocken des Flugzeuges
   Unter die Kugelpfannen am Hauptholm zwei Spindelböcke Type A setzen; darauf achten, dass die Spindeln einwandfrei in die Kugelpfannen greifen.
   Bei Arbeiten am Rumpfende ist unter den vordersten Spant der Rumpfspitze eine Aufbockbrücke zu setzen, die durch zwei Spindelböcke Type B gestützt wird.
   Bei Arbeiten an der Rumpfspitze ist unter die gekennzeichnete Stelle am Rumpfende eine Aufbockgabel zu setzen, die durch einen Spindelbock Type B gestützt wird.
   Rumpfende belasten (Belastungsgurt). Spindeln gleichmäßig hochdrehen, bis das Fahrwerk vollständig entlastet ist.
   Achtung! Vor dem **Abbocken** des Flugzeuges ist unbedingt zu überprüfen, ob die Verriegelungen in den Einfahrzylindern des Fahrwerks eingerastet sind; dies ganz besonders dann beachten, wenn das Bugrad mittels Pressluft ausgefahren wurde.

F. Beförderung und Bruchbergung
Siehe Flugzeug-Handbuch Teil 10.

G. Sondergeräte und Werkzeuge
Siehe Flugzeug-Handbuch Teil 9 F.

Jäger oder Bomber – Ein Kampfjet macht das Rennen

Die wirtschaftliche Situation Deutschlands zwischen 1938 und 1945 charakterisiert anschaulich der Bereich der deutschen Luftrüstungsindustrie. Ab Juli 1938 kam ein von Heinrich Koppenberg, dem Generaldirektor des JFM-Konzerns in Dessau und »Bevollmächtigter« des von Hermann Göring geleiteten Reichsluftfahrtministeriums entwickeltes Konzept zum tragen, dessen »economies of scale and scope« einen deutschen »Fordismus« beinhaltete. Nicht mehr der Techniker beeinflusste vorrangig die Forschung, Logistik und Rationalisierung im Flugzeugbau wie noch in den zwanziger Jahren unter der Ägide eines Professors Hugo Junkers als Unternehmer, sondern der Manager optimierte als Kaufmann die angestrebte Massenproduktion. Die Forschung und Entwicklung war den Erfordernissen des Absatzes unterstellt und hatte ausschließlich den nationalsozialistischen Interessen des Dritten Reiches zu dienen. Diese Form der »Technokratie« sollte die Basis einer wirtschaftlichen Grundstruktur für ein künftiges deutsch orientiertes Europa bilden. Indes bot die wirtschaftliche Vorgehensweise der deutschen Luftfahrtindustrie, insbesondere in den durch die deutsche Wehrmacht besetzten Länder, ab 1940 eine ganz andere Realität. Parallel mit der Ausdehnung des deutschen Machtbereiches erfolgte eine Unterwerfung der wirtschaftlichen und menschlichen Ressourcen unter das nationalsozialistische Herrschaftssystem, die mit dem Überfall auf die Sowjetunion in Juni 1941 eine furchtbare humanverachtende Zerstörung hervorrief. Der Mythos einer starken deutschen Luftwaffe, die »Blitzkriegsambitionen« Hitlers, die propagierte »deutsche Überlegenheit« in der Luft lassen sich anhand nebenstehender Statistik widerlegen.

Welche ständig erhöhten Anforderungen an einen Jäger gestellt wurden, die sich kriegsbedingt zwangsläufig ergaben, kann man anhand der einzelnen Ausführungen der Messerschmitt Me 109 gut erkennen. Gleiche Anforderungen stellte man auch an Bombenflugzeuge wie die zweimotorige JFM Ju 88. Eine Maschine, deren Variantenvielfalt mit über 60 Versionen in sechs mehr oder weniger großen Baureihen noch heute nahezu jeden Militärflugzeugkenner in Erstaunen versetzt. Beide Typen, Jäger wie Bomber, reflektieren in anschaulicher Weise die Entwicklung des Kriegsgeschehens ab 1941. Entsprechend der jeweiligen militärlogistischen Situation musste die Luftwaffe flexibel reagieren und operieren. Solch operative Kampfweise im Gefechtsfeld oder in der Abwehr an der Heimatfront setzt eine Spezifizierung der Kampfmittel, konkret am Flugzeug, voraus.
Die Luftschlacht um England 1940/41 hatte gezeigt, dass die Motorleistung verstärkt werden musste, wenn man mit den »Spitfire«-Jägern der Royal Air Force mithalten wollte. So kam 1942 die Messerschmitt Me 109 G-1 mit dem Daimler-Benz DB 605 A zum Einsatz. Nach dem Eingreifen der USA in das Kriegsgeschehen und dem Einsatz des »Mustang«-Fernjäger der US Air Force wurde die Messerschmitt Me 109 mit dem Daimler-Benz DB 603 ausgestattet und erhielt die neue Typenbezeichnung Me 209. Der technologisch-logistische Produktionsvorlauf bei der Umstellung zur Serienfertigung verzögerte sich jedoch aus den bereits erwähnten Gründen der Ministerialbürokratie im Reichsluftfahrtministerium. In dieser Situation fiel die Entscheidung zugunsten der Messerschmitt Me 262. Die folgende kurze chrono-

Deutsche Flugzeugverluste:

Im Zeitabschnitt	Verluste*	Monatsdurchschnitt
01.09.1939-21.06.1941	11 004	500
22.06.1942-30.11.1942**	19 792	1 164
01.12.1942-31.12.1943	26 731	2 056
01.01.1944-31.12.1944	34 431	2 869
Gesamtverluste 1939-1944:	91 958	

* Verluste bedeuten, die Maschinen standen nicht mehr für einen Einsatz zur Verfügung und das in einer Punkteskala vom Total-Verlust bis zu Schäden von 10 % (das hieß laut Statistik: nicht flugfähig).
** Dieser Zeitpunkt signalisiert den Beginn der Kesselschlacht um Stalingrad. Eine Schlacht, die vorrangig die materiellen und menschlichen Grenzen des Krieges in all seinen Auswirkungen, Konsequenzen und seiner Sinnlosigkeit zum Ausdruck brachte.

Für den Zeitabschnitt vom 01.01.1945–08.05.1945, dem Tag der Kapitulation der deutschen Wehrmacht, liegen keine genauen Angaben über Flugzeugverluste vor. Unter Beachtung der vorliegenden Archivunterlagen belaufen sich die Abschreibungen in diesem Zeitraum auf etwa 8.000 Maschinen. Daraus ergibt sich eine Gesamtbilanz mit einem Verlust von rund 100.000 Flugzeugen der deutschen Luftfahrtindustrie, die während des Zweiten Weltkrieges im Luftkampf bzw. durch Beschuss der Alliierten zerstört bzw. beschädigt wurden. In dieser Bilanz sind jedoch nicht die Maschinen erfasst, die sich beim Zeitpunkt ihrer Zerstörung noch in der Endmontage der Luftfahrtindustrie befanden und folglich noch nicht der Luftwaffe unterstanden bzw. an das RLM ausgeliefert waren.
Berücksichtigt man noch die wirtschaftliche Lage der Rüstungsindustrie, wobei es Albert Speer als Reichsminister für Rüstung und Kriegsproduktion (1942–1945) gelang, die Flugzeugproduktion trotz der zunehmenden angloamerikanischen Luftangriffe sprunghaft zu steigern, im Frühjahr 1944 kamen rund 3.000 Maschinen pro Monat zur Auslieferung an das RLM, so wird man sich des Ausmaßes dieses Luftkrieges bewusst. Es ging vordringlich um eine ständige Erringung und den Erhalt der Luftherrschaft, eine der Grundvoraussetzungen der Reichsverteidigung. Doch die war im vierten Kriegsjahr nicht mehr vorhanden.

logische Übersicht soll den Übergang vom Propeller- zum Düsenflugzeug anhand der Protokollakten des Generalluftzeugmeisters im Zeitraum 1943/44 veranschaulichen:

Datum:	Thema:
25.05.1943	Erfolgreicher Testflug der Messerschmitt Me 262 durch den General der Jagdflieger Adolf Galland; Beschluss der Serienplanung parallel zur Me 209.
22.06.1943	Maßnahmen zur Umstellung der Messerschmitt Me 209-Fertigung auf die Me 262.
03.08.1943	Besprechung über die Entwicklung eines Messerschmitt-Jägers für große Flughöhen aus einer Variante der Me 109 bzw. Me 209.
17.08.1943	Anweisung vom Führer und Reichskanzler Adolf Hitler: »Keine 100-prozentige Umstellung auf Messerschmitt Me 262, sondern Überlappung mit Me 209«.
20.08.1943	Planung eines Bombers mit TL-Antrieb.
07.04.1944	Truppenerprobung der Messerschmitt Me 262; Verunsicherung durch zwei Abstürze aus 1.000 m Höhe.

Die Messerschmitt Me 262 V 5 mit der Kennung PC+UE, Werk-Nr. 262 000 05, vor der großen Flugzeughalle in Augsburg.

Das einziehbare Bugrad, hier bei der Me 262 V 6, war eine wesentliche Neuerung in der Gesamtkonfiguration der Maschine und verbesserte dadurch die Start- und Landephase.

Startvorbereitung für den Vorführflug der Messerschmitt Me 262 V 6 am 2. November 1943 in Lechfeld.

Der Reichsmarschall Hermann Göring, links vor der Maschine im langen hellen Mantel, war bei dieser Vorführung zugegen. Willy Messerschmitt vor ihm zeigt auf die Jumo 004-Triebwerke. Der Testflieger Gerd Lindner steht noch neben seiner Maschine.

Ein Bedienungsfehler beim Ausfahren des Bugrades war die Unfallursache des Versuchfluges der Me 262 S 3 mit der Kennung VI+AH, Werk-Nr. 130 008, die als Erprobungsträger zur Verbesserung der Fahrwerkeigenschaften zum Einsatz kam. Nach mehreren Testflügen legte Oberfeldwebel Becker als Pilot am 16. Juni 1944 in Lechfeld eine Bruchlandung hin (oben). Dabei wurde das Fahrwerk stark beschädigt, die Rumpfnase verbogen (links) und beide Triebwerke abgerissen (rechte Seite oben). Das Foto (rechte Seite Mitte) zeigt eines der Triebwerke als Hightech-Schrott.

Obwohl eine Bruchlandung für Mensch und Maschine stets hohe Risiken in Bezug auf Gesundheit und Material in sich birgt, so charakterisieren diese Havarien doch die so genannten »Kinderkrankheiten«, die jede technische Neuerung mit sich brachte. Im Verhältnis zu anderen luftfahrttechnischen Entwicklungen lag die Ausfallrate der Messerschmitt Me 262 während ihrer Erprobung und in der Phase der Pilotenausbildung zwar relativ hoch, doch das lag vorrangig nicht an etwaigen Fehlern der neuen Technik, sondern am noch ungewohnten Umgang mit einer neueartigen, revolutionierenden Antriebsform und der daraus resultierenden außerordentlich hohen Geschwindigkeit. Faktoren, die im praktischen Flug erst erprobt werden konnten, insbesondere das neue Feeling zur Beherrschung dieser Technik. Ein experimentelles Wagnis, das an Piloten und Maschine extreme neue Forderungen stellte.

Notlandung der Messerschmitt Me 262 S 7 mit der Kennung VI+AL, Werk-Nr. 130 012, am 1. Juni 1944 nach einem Triebwerksbrand. Obwohl an der Flügelnase die Zahl 6 steht, handelt es sich um die siebente Serienmaschine.

Die Me 262 S 1 mit der Kennung VI+AF, Werk-Nr. 130 006, diente als Versuchsmuster zur Waffenerprobung mit der MK 108.

In Reih und Glied wie zu einer Parade stehen die Me 262-Maschinen im Erprobungskommando in Lechfeld.

Startvorbereitungen mehrerer Messerschmitt Me 262 in Lechfeld zum Verbands-Probeflug.

Zerstörungen nach dem US-Luftangriff am 18. Juli 1944 auf das Me 262-Erprobungszentrum im Fliegerhorst Lechfeld.

Nach den schweren Angriffen der Alliierten auf die Messerschmitt-Flugzeugwerke wurde bis zur Fertigstellung der neuen unterirdisch angelegten Montagehallen die Me 262-Fertigung teilweise in getarnte Waldabschnitte verlegt.

Eine mit Tarnfarben versehene Messerschmitt Me 262 A-1a steht etwas verloren auf einer winterlichen Waldlichtung.

Die »Weiße 2« der III./EJG2 wird im Erprobungszentrum Lechfeld zum Start vorbereitet.

Mit einer Höchstgeschwindigkeit von rund 835 km/h war die Messerschmitt Me 262 A-1a den alliierten Flugzeugen weit überlegen.

Nach dem Entfernen der Tarnnetze werden die Maschinen auf ihren Einsatz zur Nachtjagd vorbereitet. ▽

Ein Pilot auf dem Weg zu seiner Maschine.

Die kräftezehrenden Einsätze waren den Piloten nach der Landung anzusehen. ▽

Improvisierte Triebwerks-Reparatur auf einem Feldflugplatz.

Auch die Rückseite einer Messerschmitt Me 262 bot einen interessanten Anblick.

Zweisitzige Maschinen vom Nachtjäger Me 262 B-2a auf einem Fliegerhorst in Schleswig.

Auf dem Erprobungszentrum Fliegerhorst Lechfeld standen im Mai 1945 diese beiden beschädigten Versuchsträger vom Typ Messerschmitt Me 262 C-2b und die Me V 074.

Die Me 262 V 074 und die Me 262 V10 mit der Kennung VI+AE wurden Ende 1945 durch Vandalismus gänzlich zerstört.

Im Sommer 1945 säumten den Rand der Autobahn München-Salzburg noch zahlreiche abgestellte Me 262-Maschinen. ▽

Im Luftkampf wurden die wenigsten Me 262-Jäger abgeschossen, die meisten Flugzeuge dieses Typs wurden am Boden zerstört, da ihnen die Triebwerke und der Treibstoff fehlte.

Bereits mit englischem Hoheitszeichen versehen, steht der Nachtjäger Me 262 B-2a im Juni 1945 als Beutegutmaschine zum Transport bereit.

Mit sichtlichem Stolz postierten sich alle Siegermächte vor der Me 262, dem schnellsten und modernsten Jäger des Zweiten Weltkrieges.

Als High-tech-Beutegut testeten die Siegermächte, wie hier ab Oktober 1945 auf der Wright AFB in Dayton/Ohio, die Me 262 auf »Herz und Nieren«.

Die Entscheidung, die Messerschmitt Me 262 vom Jagdeinsitzer zum Schnellbomber umzurüsten, ein ausdrücklicher Befehl Adolf Hitlers, um dem Bomberstrom der Alliierten ein entsprechendes Gegengewicht zu verleihen, hat nach der vorliegenden Aktenlage heftige interne Diskussionen im Generalstab, dem Reichsluftfahrtministerium und besonders in der Firma Messerschmitt ausgelöst. Doch entgegen verschiedener bisher veröffentlichter Ansichten dürfte diese Festlegung den Fertigungsausstoß der Me 262-Jäger nur unwesentlich beeinflusst haben. Zwar kam es im Juli und August 1944 fast zu einem völligen Produktionsausfall, die Jägerproduktion der Me 262 lief nur zögerlich an. Doch lagen deren Ursachen vorwiegend im ungenügenden Materialfluss, der nicht termingerechten Bereitstellung der Betriebsmittel und fehlender Baugruppen. Faktoren, die sich ab 1944 zwangsläufig aus der Kriegssituation ergaben. Da erledigte sich auch die Forderung nach dem Schnellbomber Me 262 von selbst. Außerdem befanden sich zu diesem Zeitpunkt die Projekte für denTL-Bomber bei Arado und Junkers bereits im Erprobungsstadium. Auch diese Projektvorhaben gingen nicht in Serie. Daher war die von Willy Messerschmitt gegenüber dem Reichsluftfahrtministerium erhobene Forderung zur Bereitstellung von weiterem Fachpersonal wie Konstrukteure und Vorrichtungsbauer für die Realisierung der Serienfertigung der Me 262 und ihrer Folgemuster voll berechtigt, doch nicht mehr erfüllbar. Das Kriegsgeschehen bekam eine eigene Dynamik und bestimmte in immer größerem Maße die wirtschaftlichen Notwendigkeiten.

Im April 1944 erfolgte die Auslieferung der ersten 20 Maschinen aus der Nullserie der Messerschmitt Me 262 an die Luftwaffe. Beim Einfliegen gab es einige Unfälle und Abstürze, deren Ursachen verschiedener Natur waren. Die Gründe gestalteten sich vielschichtig. Sabotageakte, wie in einigen Veröffentlichungen zu lesen war, dominierten dabei mit Sicherheit nicht. Mangel an Treibstoff, der sich ab Herbst 1944 als Ursache bombardierter Hydrierwerke stark bemerkbar gemacht hatte, trug dazu bei, dass an Schulungsflügen für den neuen Flugzeugtyp gespart werden musste. Die völlig neue Antriebstechnik, deren Handhabung erst erlernt werden musste, führte zu Ausfällen. Hinzu kamen materialseitige Probleme. Die Triebwerke unterlagen einer extremen Belastung und einer hohen Temperatur. Hohe Geschwindigkeiten und enger Kurvenflug brachten an einigen Bauteilen Deformierungen. Auch lag der Kraftstoffverbrauch hoch, so dass die Flugzeit nur etwa eine Stunde betrug. Das Fazit: die Messerschmitt Me 262 war das erste in Serie gefertigte Flugzeug mit einem TL-Antrieb und der erste einsatzbereite Jet-Jäger mit einer Fluggeschwindigkeit im Schallmauerbereich.

Doch modernste Technik und Schnelligkeit führen nicht allein und im Selbstlauf zu einer Überlegenheit im Luftkampf. Neben der Beherrschung der Flugtechnik mussten neue Angriffstaktiken erarbeitet und erprobt werden. So berichteten ehemalige Piloten dem Verfasser von ihrer Umschulung von der Messerschmitt Me 109 auf die Me 262. Nach dem Einweisungslehrgang über Düsentriebwerke, der Maschine mit ihren Besonderheiten und den Übungsflügen ging es gleich zum Einsatz. Von den über 1.400 gefertigten Messerschmitt Me 262 kamen etwa 800 Maschinen zur Auslieferung an die Luftwaffe zur Luftverteidigung. Meist von bereits zerbombten Flugplätzen operierend, versuchten die Piloten die Bomberströme der Alliierten zu stören. Ein Himmelfahrtskommando bei der absoluten Lufthoheit des Gegners. Nach einer Stunde Flugeinsatz musste die Me 262 wieder runter, der Kraftstoff war verbraucht. Für die gegnerischen Jagdflugzeuge die Chance, die Messerschmitt Me 262 im Landeanflug abzuschießen, denn in dieser Phase konnte sie nicht mehr im Luftkampf operieren.

Neben der Messerschmitt Me 262 und dem Raketenjäger Me 163 gab es weitere Jet-Projekte bei Messerschmitt, Heinkel und Junkers, die sich jedoch erst in der Erprobung befanden. Zum Einsatz kam noch der mit einer BMW 003-Strahlturbine ausgerüstete »Volksjäger« vom Typ Heinkel He 162, von dem etwa 200 Maschinen gebaut wurden.

Von alliierter Seite kam bis zum Kriegsende im Mai 1945 kein Düsenjäger zum Einsatz. Die englische Versuchsmaschine De Havilland »Vampire« hatte zwar bereits am 10. September 1943 mit einer TL-Strahlturbine vom Typ de Havilland »Goblin« ihren Erstflug absolviert, doch sie war noch nicht serienreif. In einer ähnlichen Situation präsentierte sich der amerikanische Jagdeinsitzer von Lockheed P 80 »Shooting Star«. Anfang August 1944 flog der Jet-Prototyp, seine Serienfertigung begann im März 1945. Zu einem Militäreinsatz kam es jedoch bis Mai 1945 nicht mehr.

Neue Strategien im Luftkampf

Die Messerschmitt Me 262 eröffnete mit ihrer neuartigen Antriebstechnik und der daraus resultierenden aerodynamisch ideal anmutenden Konfiguration nicht nur das Jet-Zeitalter, sondern ermöglichte als Jagdflugzeug die Anwendung neuer Luftkampf-Strategien. So exerzierte die Luftwaffe in ihrer Flugerprobungsstelle Rechlin alle Geschosskaliber bis zu 88 mm mit dem neuen Jäger und musste dabei feststellen, dass diese für die Me 262 ungeeignet waren. Die geringe Anfangsgeschwindigkeit der Kalibergeschosse und die daraus resultierende Rasanz der Flugbahn, insbesondere der 30-mm-Geschosse, gebot ein nahes Herangehen an den Gegner. Nur die Bewaffnung mit 4 x MK 108 und Nachtjagdausrüstung stellte ein »Optimum des Möglichen« dar und kam daher zur Anwendung. Auch der Einsatz einer 500-mm-Bugkanone, speziell gegen die schweren viermotorigen Bomberverbände der Alliierten vorgesehen, wurde erprobt. Trotz Abschusserfolge verdeutlichte die Kalibererhöhung eine Reihe von ungünstigen Faktoren im direkten Luftkampf. Durch die Kaliberveränderung erhöhten sich das Gewicht und der Raumanspruch, was sich negativ auf die Geschwindigkeitsverhältnisse der Me 262 auswirkte.

Der Abschuss eines Gegners im Jagdkampf, vorausgesetzt er bemerkte die Annäherung nicht und flog geradeaus, bereitete kaum Schwierigkeiten und erforderte vorrangig die so genannte Schießroutine. Bemerkte der Gegner jedoch die anfliegende Me 262 und begann mit seiner Maschine zu kurven, um den Angreifer in seinem Schussfeld abzuwehren, dann traten Probleme im Bekämpfen des Zieles auf. Da der Me 262-Pilot dem Gegner nachsetzen musste, wirkten sich wegen der hohen Geschwindigkeit die Fliehkräfte im engen Kurvenbereich bzw. beim Abfangen auch auf die Geschossbahnen aus. Auf sämtliche Waffenteile wirkten die gleichen Kräfte wie auf die Maschine, folglich waren Waffenhemmungen die Begleiterscheinung nahezu jedes Schießens in der Kurve. Außerdem versagte bei diesen Jagdmanövern regelmäßig das automatische Kreiselvisier, da das Zielgerät nicht mehr in der Lage war, die hohen Fliehkräfte zu kompensieren. Die logische Schlussfolgerung lautete demnach, die Bewaffnung hinkte der Flugtechnik hinterher. Das Schießen und Bekämpfen von Zielen mit Geschwindigkeiten im Schallbereich erforderte ein neues Denken und Entwickeln.

Daher ließ das Waffenamt die Einsatzmöglichkeit mit leitwerkstabilisierten Feststoff-Luftkampf-Raketen untersuchen. Im März 1945 erhielten einige Messerschmitt Me 262-Maschinen versuchsweise beidseitig unter den Tragflächen je einen Schienenrost mit je 12 paarseitigen Gleitschienen, die den Abschuss von insgesamt 24 x R4M – »Orkan«-Luftkampf-Raketen ermöglichten. Mit einem Abschussgewicht von 2,7 kg pro Raketengeschoss und einer Feuergeschwindigkeit, die über dem Schallbereich lag, konnten gute bis sehr gute Zielergebnisse erreicht werden. Die Streuung der Gesamtraketenlast war volumenmäßig so ausgelegt, dass circa 1.000 Meter nach erfolgtem Abschuss ein Streuraum von 15 m Höhe und 30 m Breite gedeckt werden konnte. Das war eine Splitterwolke, in der je nach Zielkonzentration der Raketen jedes darin befindliche Flugobjekt zerstört bzw. schwer beschädigt worden wäre. Die im Deutschen Museum ausgestellte Messerschmitt Me 262 A-1b mit der Werk-Nr. 500 071, deren Erstflug am 25. März 1945 erfolgte und die am 25. April 1945 nach einem Abfangeinsatz von Fürstenfeldbruck aus im schweizerischen Dübendorf bei Zürich landete, zeigt unter ihren Tragflächen noch die beiden Raketen-Schienenroste.

Ausgerüstet mit neuen, leistungsstarken Triebwerken präsentierte sich für viele Flugbegeisterte auf der ILA 2006 in Berlin-Schönefeld eine »New Me 262«. Ein originalgetreuer Nachbau der legendären Messerschmitt durch den im Henschel-Flugzeugwerk Berlin-Schönefeld ausgebildeten und jetzt in Texas lebenden Flugzeugbauer Herbert Tischler.

Pilot und Flugzeugfreaks waren von der aerodynamisch bedingten scheinbar zeitlosen Ästhetik, den hervorragenden Flugeigenschaften und den rasanten Kurvenflügen des »ältesten Kampfjets der Welt« begeistert.

Technik und Typen im Detail – Hinweise für den Modellbauer

Sicher hat schon jeder ein kleines Flugzeugmodell bestaunt, sei es an der Freude über den jeweiligen Flugzeugtyp oder an der Faszination zur Detailtreue des Modells. Wie viel Freude und berechtigten Stolz empfindet wohl der Erbauer oder gar Konstrukteur von Mini-Flugzeugen, der Modell-Flugzeugbauer, wenn aus kleinsten Bauteilen Stück für Stück detailgetreu das verkleinerte Abbild großer »Vögel der Lüfte« entsteht? Das lässt sich an den vielfältigen Aktivitäten der Flugzeugmodellbauer erkennen.

Der Modell-Flugzeugbau hat eine lange Tradition und was der Laie oft nur als »Basteln« abtut, ist eine zielgerichtete Auseinandersetzung angewandter Technik, die sich vorrangig auf naturwissenschaftlichen Forschungen und Erkenntnissen aufbaut. So ist überliefert, dass der Franzose Penaud bereits im Jahr 1870 Flugmodelle baute, die sogar teilweise – durch einen Gummimotor angetrieben – flugtüchtig waren. Die dabei gewonnenen Erfahrungen nutzten die Aviatiker, wie die Flugzeugbauer und Piloten in der Pionierzeit der Luftfahrt bezeichnet wurden, für die Forschung und Erprobung ihrer Flugzeugkonstruktionen. Und die bestanden damals ausnahmslos aus leichten jedoch stabilen Holzstreben, deren Tragflächen noch drahtverspannt und mit Stoffbahnen ausgestattet waren. So sahen sich Original und Modell maßstabsgerecht ähnlich.

Im Laufe der Luftfahrtgeschichte veränderte sich das Bild. Doch stets entstanden im Flugzeugbau Modelle, eben als Muster für Forschung und Erprobung. So bildete das Modell oft die Basis für eine erfolgreiche Arbeit am großen Flugzeug. Was früher am Windkanalmodell erprobt bzw. untersucht wurde, haben heute im Wesentlichen Computerprogramme übernommen. Trotzdem besitzt der Flug-Modellbau noch viele Anhänger. Die im Modellbau gewonnenen praktischen Fähigkeiten und theoretischen Kenntnisse können gerade für den jugendlichen Modellbauer ein wichtiges geistiges als auch handwerkliches Rüstzeug für das spätere Berufsleben darstellen. Nur wer die historischen Hintergründe unserer Entwicklung kennt, diese mit den aktuellen Problemen unserer Zeit vergleicht und den dabei gewonnenen Erkenntnisprozess im Alltag und Beruf nutzen kann, der besitzt die Fähigkeiten der Logik und somit auch Chancen zum Erfolg. Zum anderen fördert der Modellbau Eigenschaften wie Ausdauer, handwerkliches Geschick, Präzision und somit die schöpferische Arbeit. Der Flugmodellbau wird dadurch ein Mittel zum Zweck.

Modellbausätze zur Messerschmitt Me 262 sind übersichtlich geordnet, wobei das bekannteste von Revell im Maßstab 1 : 72 angeboten wird. Mehrere Me 262-Baukästen aus China und Japan liegen im Maßstab 1 : 32 vor. Als besonderes Highlight gibt es auch ein transparentes Me 262-Modell, so dass der konstruktiv-technologische Aufbau gut zu erkennen ist. So fällt es dem Modellbauer nicht schwer, sich sein Modell auszusuchen und zu bauen. Für den Anfänger empfiehlt es sich, die Bauteile noch vor dem Ausschneiden aus der Gießform farblich zu behandeln. Man hat somit mehr Sicherheit beim Halten und kann dadurch bestimmte Farbfeinheiten besser nuancieren, ohne die Modellteile unnötig zu berühren. Als Bildvorlage für die Farbgestaltung der Me 262 eignet sich in hervorragender Weise das im Verlag Bernard & Graefe, Bonn, 1999 erschienene Buch »Deutsche Jagdflugzeuge 1939-1945 in Farbprofilen« von Claes Sundin und Christer Bergström.

Einen Modellbausatz der Messerschmitt Me 262 A-2a mit Kettenkraftrad im Maßstab 1:48 gibt es von der Dickie-Tamiya Modellbau GmbH & Co. KG aus Fürth. Dem interessierten Modellbauer bietet sich damit die Gelegenheit, sein Modell mit der entsprechenden Staffage auszustatten, denn wegen des relativ hohen Treibstoffverbrauchs durfte die Me 262 am Ende des Zweiten Weltkrieges am Boden keine Bewegungen mehr mit eigenem Antrieb ausüben. Daher resultiert der Einsatz eines Kettenkraftrades, der die Maschine in die Startposition brachte bzw. nach dem Kampfeinsatz in die getarnte Warteposition fuhr.

Wer sein Modell anhand einer Originalmaschine gestalten möchte, dem sei die Messerschmitt Me 262 A-1b mit der Werk-Nr. 500071 empfohlen, die in der Luftfahrthalle des Deutschen Museums in München steht. Neben einer authentischen Bemalung ist die Triebwerkdarstellung des Jumo 004 und unter den Tragflächen der Schienerost für den Abschuss der 12 x R4M-Luftkampfraketen bemerkenswert. Weitere Me 262 befinden sich in Museen der USA (National Air and Space Museum in Washington, USAF Museum in Dayton/Ohio, Planes of Fame Air Museum in Chino/Kalifornien, NAS Willow Grove in Pennsylvania), in England (Aerospace Museum in Cosford), Südafrika (National War Museum in Johannesburg), Australien (Australian War Memorial in Canberra) und in der Tschechei (Vojenske Muzeum in Prag/Kbely).

Natürlich gibt es auch Me 262-Nachbauten. Der noch in den Henschelwerken ausgebildete und in Texas lebende Flugzeugbauer Herbert Tischler erhielt 1993 die Erlaubnis, die Me 262 aus Willow Grove auszuleihen, in Einzelteile zu zerlegen und nachzubauen. Einzige Bedingung, die Originalmaschine restauriert und zusammengebaut dem Museum wieder zurückzugeben. In fünf flugfähigen Exemplaren sollte die Messerschmitt Me 262 wieder entstehen. Trotz Unstimmigkeiten zwischen den einzelnen amerikanischen Projektträgern kam der originalgetreue Nachbau schrittweise voran. Ausgerüstet mit dem neuen leistungsstarken Triebwerken absolvierten die »New Me 262« Ende 2005 ihre ersten Flüge.

Ein Holzmodell von der Me 262 im Maßstab 1 : 1 stellte Ende 1995 der bei Köln lebende Künstler Holger Bull her. Das danach an einen Flugzeugsammler in Kahl am Main verkaufte Modell weist einige interessante Details auf. Mehrere Ausrüstungsgegenstände, einschließlich die Cockpitausstattung, sind Originalteile einer Me 262.

Farbprofil einer Me 262 A-1a, geflogen von Major Walter Nowotny am 8. November 1944, Standort: Achmer, Kommando Nowotny.

Farbprofil einer Me 262 A-1a, geflogen von Major Rudolf Sinner am 7. März 1945, Standort: Brandenburg-Briest, Stab III./JG 7.

Farbprofil einer Me 262 A-1a, geflogen von Major Heinz Bär am 19. März 1945, Standort: Lechfeld, III./EJG 2.

Seiten 58/59:
Originalzeichnung zum »Sichtschutzanstrich – Hoheits- u. Kenn-zeichen« der Me 262 vom Stand 23. Februar 1945. Oberseite der Maschine: Farbton 81 = braunviolett, Farbton 82 = hellgrün; Stahl und Holzteile auf der Flugzeugunterseite: Farbton 76 = lichtblau.

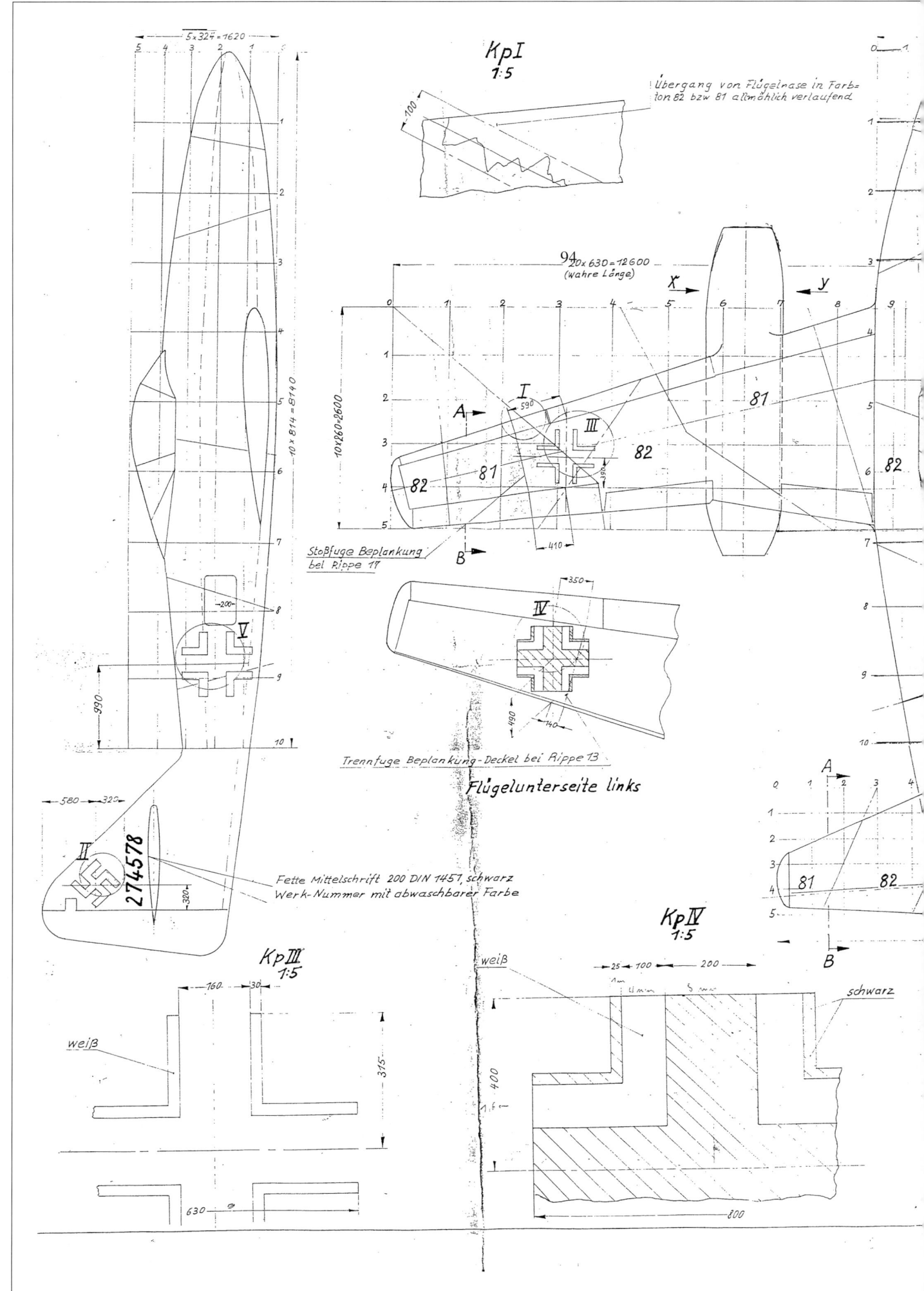

KpI
1:5

Übergang von Flügelnase in Farb=
ton 82 bzw 81 allmählich verlaufend

5 × 324 = 1620

94
20 × 630 = 12600
(Wahre Länge)

Stoßfuge Beplankung
bei Rippe 17

Trennfuge Beplankung-Deckel bei Rippe 13

Flügelunterseite links

274578

Fette Mittelschrift 200 DIN 1451, schwarz
Werk-Nummer mit abwaschbarer Farbe

KpIII
1:5

weiß

weiß

KpIV
1:5

schwarz

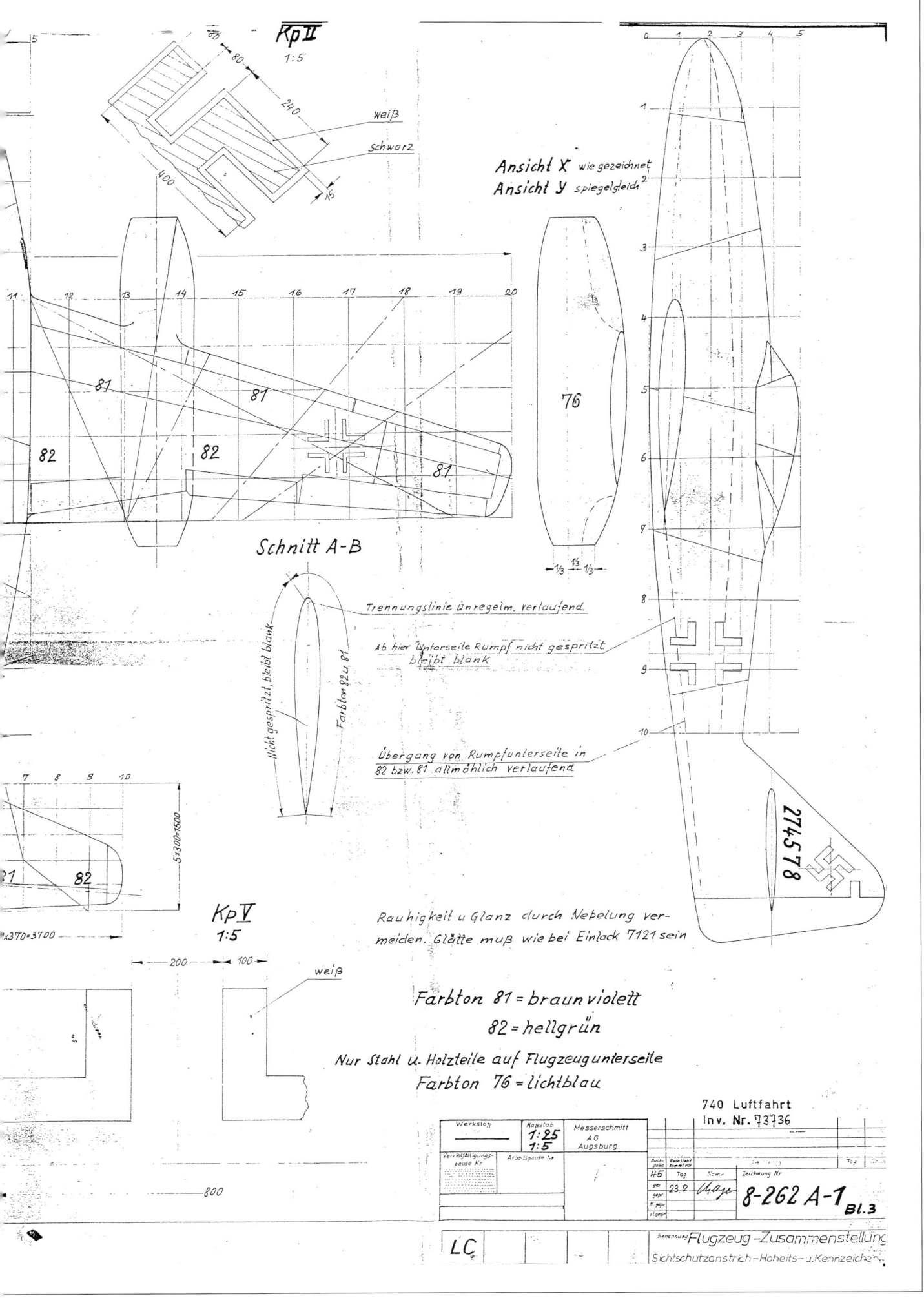

Kp II
1:5

weiß
schwarz

Ansicht X wie gezeichnet
Ansicht Y spiegelgleich

81
81
82
82
81

Schnitt A-B

76

⅓ 1⅓ ⅓

Trennungslinie unregelm. verlaufend

Ab hier Unterseite Rumpf nicht gespritzt
bleibt blank

Nicht gespritzt, bleibt blank
Farbton 82 u 81

Übergang von Rumpfunterseite in
82 bzw. 81 allmählich verlaufend

274578

81 82

5×300=1500

Kp V
1:5

Rauhigkeit u Glanz durch Nebelung vermeiden. Glätte muß wie bei Einlack 7121 sein

Farbton 81 = braunviolett
82 = hellgrün
Nur Stahl u. Holzteile auf Flugzeugunterseite
Farbton 76 = lichtblau

weiß

200 100

×370=3700

800

740 Luftfahrt
Inv. Nr. 73736

Werkstoff	Maßstab 1:25 1:5	Messerschmitt AG Augsburg					
Vervielfältigungs- pause Nr		Arbeitspause Nr	Buch- gabe	Berichtet kennt vor	Änderung	Zeichnung Nr	Tag
			H5	Tag 23.2	Name Chaze		
			gez			8-262 A-1 Bl.3	
			gepr				
			N. gepr				
			z.l.gepr				

LC

Benennung Flugzeug-Zusammenstellung
Sichtschutzanstrich-Hoheits- u.Kennzeichen

Farbprofil einer Me 262 A-1a, geflogen von Oberfeldwebel Heinz Arnold am 24. März 1945, Standort: Parchim, 11,/JG 7.

Farbprofil einer Me 262 A-1a, geflogen von Major Theodor Weissenberger am 31. März 1945, Standort: Parchim, Stab/JG 7.

Farbprofil einer Me 262 A-1a, Standort: Lechfeld, ISS 1/JV 44. Diese Maschine wurde mit neun weiteren Maschinen beim Einmarsch der US Army sichergestellt und als Beutegut nach England und den USA transportiert.

Farbprofil einer Me 262 A-1a, geflogen von Unteroffizier Eduard Schallmoser am 20. April 1945, Standort: München-Riem, JV 44.

Messerschmitt Me 262 B-Nachtjäger, Modell im Maßstab 1 : 32 von André Kröcher, Berlin.

DIORAMA eines Flughangars mit Wartungspunkt für die Me 262, Modell im Maßstab 1 : 48 von André Kröcher, Berlin.

Literatur und Quellenhinweise

Alexandrow, A./
Petrow, G.:	Die deutschen Flugzeuge in russischen und sowjetischen Diensten 1914-1951, 2 Bd., Illertissen o.J.

Bergschicker, H.:	Deutsche Chronik 1933-1945, Berlin 1981

Berthold, W.:	Der befohlene Untergang – Das Schicksal der Deutschen Luftwaffe 1939-1945, Klagenfurt/München 1998

Bradley/Ketley/
Wadman:	Aufklärer und Aufklärungsflugzeuge der deutschen Luftwaffe 1935-1945, Bonn 1999

Brütting, G.:	Das Buch der deutschen Fluggeschichte, Band 3, Stuttgart 1979

Cescotti, R.:	Kampfflugzeuge und Aufklärer, Koblenz 1989

Chant, C.:	Deutsche Flugzeuge im Zweiten Weltkrieg. Bindlach 1999

Donald, D.:	Deutsche Luftwaffe, London 1994

Erfurth, W.:	Die Geschichte des deutschen Generalstabes von 1918 bis 1945, Göttingen 1960

Feuchter, G. W.:	Der Luftkrieg, Frankfurt/Bonn 1964

Galland, A.:	Die Ersten und die Letzten, Darmstadt 1953

v. Gersdorff/
Grasmann/
Schubert:	Flugmotoren und Strahltriebwerke, Bonn 1995

Groehler, O.:	Geschichte des Luftkrieges, Berlin 1981

Held, W.:	Reichsverteidigung – Die deutsche Tagjagd 1943-1945, Friedberg 1988

Hentschel, G.:	Die geheimen Konferenzen des General-Luft-Zeugmeisters, Koblenz 1989

Hillgruber, A.:	Hitlers Strategie – Politik und Kriegsführung 1940-1941, Bonn 1993

Irving, D.:	Die Tragödie der deutschen Luftwaffe, Frankfurt/Berlin 1970

Jacobsen, H.A./
Schramm, P.E.:	Kriegstagebuch des Oberkommandos der Wehrmacht 1940-1945, 8 Bd., München 1982

Jenkins, D. R.:	Messerschmitt Me 262 Sturmvogel, Augsburg 1999

Kollektiv:	Die Luftwaffe, Eltville 1993

Kollektiv:	Luftkriegsführung im Zweiten Weltkrieg, Herford/Bonn 1993

Kosin, R.:	Die Entwicklung der deutschen Jagdflugzeuge, Koblenz 1990

Lange, B.:	Typenhandbuch der deutschen Luftfahrttechnik, Koblenz 1986

Nowarra, H. J.:	Die deutsche Luftrüstung 1933-1945, Bd. 3, Koblenz 1993

Radinger, W./
Schick, W.:	Messerschmitt Geheimprojekte, Oberhaching 1991

Radinger, W./
Schick, W.:	Me 262 – Entwicklung, Erprobung und Fertigung des ersten einsatzfähigen Düsenjägers der Welt, Oberhaching 1992

Rieckhoff, H.J.:	Trumpf oder Bluff? 12 Jahre deutsche Luftwaffe, Genf 1945

Smith, J. R./
Creek, E. J.:	Me 262 – Konzepte und Entwicklung, Königswinter 1997

Sundin, C./
Bergström, C.:	Deutsche Jagdflugzeuge 1939-1945 in Farbprofilen, Bonn 1999

Wagner, W.:	Die ersten Strahlflugzeuge der Welt, Koblenz 1989

Winter, F.:	Die deutschen Jagdflieger, München 1987

Luftfahrtbücher für Kenner und Liebhaber

Helmut Erfurth
Wolfgang Miertsch

Vom Original zum Modell: Junkers Ju 52

– Militärversionen –

80 Seiten, zahlreiche Farb- und Schwarzweißfotos. Format A 4. Brosch.

ISBN 3-7637-6032-6

Karl Heinz Regnat

Vom Original zum Modell: Focke-Wulf Fw 200

Teil 1: Zivile Ausführungen

96 Seiten, zahlreiche Farb- und Schwarzweißfotos. Format A 4. Brosch.

ISBN 3-7637-6036-9

Die Baugeschichten vermitteln mit vielen Konstruktionszeichnungen und Detailskizzen ein aufschlussreiches Bild.

Kyrill von Gersdorff
Helmut Schubert
Stefan Ebert

Flugmotoren und Strahltriebwerke

4., überarbeitete und erweiterte Auflage. 560 Seiten und 24 Farbtafeln, über 500 Abbildungen. Geb.

ISBN 3-7637-6128-4

Die Entwicklungsgeschichte der deutschen Luftfahrtantriebe von den Anfängen bis zu den europäischen Gemeinschaftsentwicklungen.

Klaus Peters
Hans J. Ebert

Willy Messerschmitt – Pionier der Luftfahrt und des Leichtbaues

2., überarbeitete und erweiterte Auflage. 440 Seiten und 24 Farbtafeln, über 600 Abbildungen. Geb.

ISBN 3-7637-6129-2

Das Werk enthält Angaben über alle Messerschmitt-Flugzeugtypen und Projekte. Es kann getrost als das Messerschmitt-Buch schlechthin bezeichnet werden.

Matthias Uhl

Stalins V-2

304 Seiten, zahlreiche Fotos, Graphiken und Tabellen. Geb.

ISBN 3-7637-6214-0

Der Technologietransfer der deutschen Fernlenkwaffentechnik in die UdSSR und der Aufbau der sowjetischen Raketenindustrie 1945 bis 1959.

Barry Ketley
Mark Rolfe

Luftwaffen-Embleme 1939–1945

80 Seiten und 16 Farbtafeln. Format A 4. Brosch.

ISBN 3-7637-5986-7

Diese Dokumentation enthält über 800 Luftwaffenembleme in Farbe. Zuordnung und Beschreibung machen diese Broschüre zu einer unentbehrlichen Fundgrube für alle an der Militärluftfahrt Interessierte.

Simon Mitterhuber

Die deutschen Katapultflugzeuge und Schleuderschiffe

Entwicklung, Einsatz und Technik

248 Seiten, zahlreiche Fotos, Skizzen und Graphiken, Geb.

ISBN 3-7637-6244-2

Das Werk bietet einen Ein- und Überblick über ein fast vergessenes Kapitel internationaler Technikgeschichte.

Mike Spick

Die Jägerasse der deutschen Luftwaffe 1939–1945

Einsatz, Taktik und Technik

243 Seiten und 24 Bildtafeln, Fotos, Skizzen und Graphiken. Geb.

ISBN 3-7637-5978-6

Mike Spick analysiert die Luftkampfmethoden der erfolgreichen Jagdflieger, stellt Vergleiche mit alliierten Piloten an, geht auf den jeweiligen Kriegsschauplatz ein, charakterisiert die Flugzeuge und berücksichtigt andere wesentliche Kriterien.

Michael Ullmann

Oberflächenschutzverfahren und Anstrichstoffe der deutschen Luftfahrtindustrie und Luftwaffe 1935–1946

280 Seiten, zahlreiche Farb- und Schwarzweißabbildungen. Geb.

ISBN 3-7637-6201-9

Dieses Werk basiert auf Originaldokumenten, einen breiten Raum nehmen die Einarbeitungen aus diesen Dokumenten ein. Das Buch ist nicht nur willkommen bei Modellbauern und Militariasammlern, es liefert auch umfangreiches Hintergrundwissen.

Bernard & Graefe Verlag · Bonn